少年读诸子百家

少年读孙子兵法

李 楠 主编

民主与建设出版社
·北京·

图书在版编目（CIP）数据

少年读孙子兵法 / 李楠主编 . -- 北京：民主与建设出版社，2020.7

（少年读诸子百家；5）

ISBN 978-7-5139-3074-1

Ⅰ.①少… Ⅱ.①李… Ⅲ.①兵法－中国－春秋时代－少年读物 Ⅳ.① E892.25-49

中国版本图书馆 CIP 数据核字（2020）第 101692 号

少年读孙子兵法
SHAONIAN DU SUNZI BINGFA

主 编	宋立涛
责任编辑	刘树民
总 策 划	李建华
封面设计	黄 辉
出版发行	民主与建设出版社有限责任公司
电 话	（010）59417747　59419778
社 址	北京市海淀区西三环中路 10 号望海楼 E 座 7 层
邮 编	100142
印 刷	三河市燕春印务有限公司
版 次	2020 年 8 月第 1 版
印 次	2020 年 8 月第 1 次印刷
开 本	850mm×1168mm　1/32
印 张	5 印张
字 数	96 千字
书 号	ISBN 978-7-5139-3074-1
定 价	198.00 元（全六册）

注：如有印、装质量问题，请与出版社联系。

前言

《孙子兵法》又称《孙武兵法》《吴孙子兵法》《孙子兵书》《孙武兵书》等，是中国现存最早的兵书，也是世界上最早的军事著作，被誉为"兵学圣典"。作者为春秋时祖籍齐国乐安的吴国将军孙武。

孙武（约公元前545年—约公元前470年），字长卿，春秋末期齐国乐安（今山东省北部）人。中国春秋时期著名的军事家、政治家，尊称兵圣或孙子（孙武子），又称"兵家至圣"，被誉为"百世兵家之师""东方兵学的鼻祖"。

《孙子兵法》全书共有六千字左右，一共十三篇。《孙子兵法》的内容博大精深，思想精邃富赡，逻辑缜密严谨。作为兵家的典籍，它从作战、谋攻、虚实、行军、地形等方面对战争做了精辟的论述。书中探讨了与战争有关的一系列矛盾的对立和转化，如敌我、主客、众寡、强弱、攻守、胜败、利害等，体现了辩证法思想。

《孙子兵法》，被誉为天下第一军事奇书，自问世以来即被奉为"兵经"，对我国的军事理论和实践产生了深远的影响，在世界军事史上也占据着非常重要的地位。作为一部军事圣典，它一直被历代政治家、军事家、商人、学者奉为至宝。这部百家兵法之始祖，曾造就了一批批伟大的军事家和政治家。无论是三国时的曹操、诸葛亮，还是近代指点江山的风云人物，他们在军事、政治、外交等诸多方面，都无一例外地受到了孙子谋略思想的启发。在短短六千字里，《孙子兵法》把人类的智慧淋漓尽致地展现于我们的面前。

正是由于《孙子兵法》揭示了战争的普遍规律，因此，第二次大战以来，国内外许多军政要员都把《孙子兵法》视为克敌制胜的法宝。孙子在两千多年前提出之"兵者诡道""上兵伐谋""攻其无备出其不意""知彼知己者，百战不殆"等凝聚着深刻谋略思想的名言粹语，至今仍具有十分重要的指导意义。

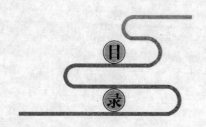

始计篇

兵者①，国之大事②，死生之地，存亡之道，不可不察③也。

①兵：本义为兵械。《说文》："兵，械也。"后逐渐引申为士、军队、战争等。这里作战争解。

②国之大事：国家的重大事务。

③不可不察：意指不可不仔细审察，谨慎对待。察，考察、研究。

战争是国家的大事，是军民生死安危的主宰，是国家兴衰存亡的关键，是不可以不认真考察研究的。

故经之以五事，校之以计，而索其情①：一曰道，二曰天，三曰地，四曰将，五曰法。道②者，令民与上同意，可以与之死，可以与之生，而不畏危也。天者，阴阳、寒暑、时制③也。地者，远

1

近、险易、广狭、死生④也。将者，智、信、仁、勇、严也。法者，曲制、官道、主用也⑤。

注释

①故经之以五事，校之以计，而索其情：句意为需从五个方面来分析、比较双方的谋划，以探索战争的情势。经，量度，即分析。校，比较。

②道：道路。此处指政治开明。

③时制：季节更替。

④死：不可攻守进退之地。生：可以攻守进退之地。

⑤曲：军队编制。制：指挥号令。官道：各级官吏之职责与管理。主用：军需配备与使用。

译文

因此必须审度敌我五个方面的情况，比较双方的谋划，以探求对战争情势的认识。这五个方面，一是政治，二是天时，三是地利，四是将才，五是法制。所谓政治，就是要让人民认同、拥护国君，使人民愿为国君不顾危险，出生入死。所谓天时，是指昼夜、晴雨、寒冷、酷热、四季更替。所谓地利，就是指征战路途的远近，地势的险要与平坦，作战区域的宽广与狭窄，地形对于攻守的益处和弊端。所谓将领，就是要求将帅足智多谋、赏罚分明、爱护部属、勇敢果断、军纪严明，以树立良好的威信。所谓法制，就是指军队之组织编制的设立、各级将吏的统辖管理和职责分工、军需物质的供应和掌管。

原文

主孰有道①？将孰有能②？天地孰得③？法令孰行？兵众孰强④？士卒孰练⑤？赏罚孰明？吾以此知胜负矣⑥。

注释

①主孰有道：哪一方的国君施政清明。

②将孰有能：哪一方的将领更有才能。

③天地孰得：哪一方拥有天时、地利。

④兵众孰强：哪一方的兵械锋利，士卒众多。兵，此处指的是兵械。

⑤士卒孰练：哪一方的军队训练有素。练，娴熟。

⑥吾以此知胜负矣：我根据这些情况来分析，即可预知胜负的归属了。

译文

哪一方的国君施政清明，哪一方的将领更有才能，哪一方能占据较有利的天时、地利，哪一方的法令能有效地贯彻执行，哪一方的武器装备更为精良，哪一方的士卒训练有素，哪一方的赏罚更为公正严明，根据这些情况就可以判断胜负的归属了。

原文

计利以听①，乃为之势②，以佐其外③。势者，因利而制权④也。

注释

①计利：计谋有利。听：听从，采纳。

②乃为之势：此句意谓造成一种积极的军事态势。乃，于是、就的意思。为，创造、造就。之，虚词。势，态势。

③以佐其外：用来辅佐他对外的军事活动。佐，辅佐、辅助。

④因利而制权：意谓根据利害关系采取灵活的对策。因，根据、凭依。制，决定、采取之意。权，权变，灵活处置之意。

译文

除了采纳有利的作战策略，还要设法造"势"，形成一种积极的军事态势，以辅佐战争的进行。所谓"势"，是指根据有利于自己的条件，灵活机动，采取相应的对策。

原文

兵者，诡道也①。故能而示之不能②，用而示之不用，近而示之远，远而示之近。

注释

①诡道也：诡诈之术。诡，欺诈，诡作。道，学说。

②能而示之不能：即言能战却装作不能战的样子。能，有能力。示，显示。

译文

用兵打仗是一种诡诈之术。因此需要做到：能战却装作不能战，想攻却装作不想攻，想进攻近处却装作要进攻远处要进攻远处，却装作要进攻近处。

原文

利而诱之①，乱而取之②，实而备之③，强而避之④，怒而挠之⑤，卑而骄之⑥，佚而劳之⑦，亲而离之⑧。

注释

①利而诱之：意谓敌人贪利，则以利来引诱，伺机打击它。利，此处作动词用，指贪利的意思。诱，引诱。

②乱而取之：意谓对处于混乱状态的敌人，要抓住时机予以进攻。乱，混乱。

③实而备之：指对待实力雄厚的敌人需严加防备。实，实力雄厚。

④强而避之：面对强大的敌人，当避其锋芒，不可硬拼。

⑤怒而挠之：意谓如果敌人易怒，就设法激怒

之，使之丧失理智，临阵作出错误的决策，导致失败。怒，易怒而脾气暴躁。挠，挑逗、扰乱。

⑥卑而骄之：意谓敌人卑怯谨慎，应设法使其骄傲自大，然后伺机破之。也有另一种解释，是说己方主动卑辞示弱，给人造成错觉令其骄矜。卑，小、怯。

⑦佚而劳之：意谓敌方安逸，就设法使它疲劳。佚，同"逸"，安逸、自在。劳，作动词，使之疲劳。

⑧亲而离之：意谓如果敌人内部团结，则设计离间、分化他们。亲，亲近、团结；离，离间、分化。

译 文

敌人贪利，就用小利来引诱它，伺机攻击它；对于处在混乱状态的敌人，要抓住时机攻击它；对于实力雄厚的敌人，则需严加防备；对于兵强气锐的敌人，当避其锋芒；对于易怒的敌人，就透过挑逗的方式设法去激怒他，使他丧失理智；对于轻视我方的敌人，应设法使其更加骄傲自大；对于经过充分休整的敌人，要设法使之疲劳；对于内部团结的敌人，则要设计离间、分化他们。

原 文

攻其无备①，出其不意②，此兵家之胜③，不可先传也④。

注 释

①备：防备，准备。

②意：考虑，预料。

③胜：奥妙。

④先：预先、事先。传：传授、规定。

译　文

　　要在敌人没有防备的状态下实施攻击，在敌人意想不到时采取行动，这是军事家指挥作战的奥妙所在，是要依据具体情况临机作出决断，不能事先予以规定的。

原　文

　　夫未战而庙算①胜者，得算多也②；未战而庙算不胜者，得算少也。多算胜③，少算不胜，而况于无算乎？吾以此观之，胜负见矣！

注　释

　　①庙算：古代兴师开战之前，通常要在庙堂里商议谋划，分析战争的利害得失，制定作战方略。此一作准备的程序，就叫做"庙算"。

　　②得算多也：意谓取得胜利的条件充分、居多。算，计数用的筹码。此处引申为取得胜利的条件。

　　③多算胜，少算不胜，而况于无算乎：胜利条件具备多者可以获胜，反之，则无法取胜，更何况未曾具备任何取胜条件！而况，何况。于，至于。

译　文

　　开战之前就预测能够取胜的，是因为筹划周密，胜利条件充分；开战之前就预计不能取胜的，是因为筹划不周，胜利条件缺乏。筹划周密、条件具备就能取胜，筹划不周、条件缺乏就不能取胜，更何况不作筹划，且毫无条件呢？我从这些方面来观察，胜负已分啊！

解　读

　　《始计篇》是《孙子兵法》的首篇，具有提挈全书的作用。它主要论述通过战略运筹和主观指导能力的分析，以求得对战争胜负的预见。因此，我们要在本篇对孙武的许多基本理论及其产生的历史条件作较为详细的介绍。

　　一、关于战略运筹

　　孙武从"慎战"的观点出发，要求对军事问题进行认真的分析研究。他开宗明义就指出："兵者，国之大事，死生之地，存亡之道，不可不察也。"这一认识，比"国之大事，在祀与戎"（《左传·成公十三年》）前进了一步。此句中"死生之地，存亡之道"相对为文，"地"与"道"互文见义，均指手段、方法。这就使我们明确地看出，战争之所以是国家的大事，就在于它既是军队生死搏斗的手段，也是国家存亡攸关的途径。孙武正是从这样的高度来考察战略运筹问题的。

　　"运筹"是从"算筹"演变而来的。我国古代早就有"算筹"的记载，它是一种直径一分、长度六寸，用竹棍制作的工具。把这种数学上的运筹术引向军事领域，是与战争在时间上、空间上呈现出明显的阶段性和战争过程复杂化紧密联系的。孙武在本篇中所说的"庙算"（即开战以前在庙堂计算出胜负条件的多寡）是关于战争决策方面的分析；孙武在《形篇》第四中又从战场内部的规律着眼，进行了类似于现代所谓战役容量等方面的分析。春秋时代还没有战略、战役、战术等科学概念，为了把孙武的军事运筹思想在不同范围的应用加以区别，因此，我们把本篇"庙算"所包含的内容，称之为"战略运筹"。

孙武的战略运筹有着丰富的内容，包括了敌对双方有关战争胜负的基本因素。用他的话说，就是"经之以五事，校之以计而索其情"。"五事"就是"道、天、地、将、法"，竹简本"五"字下无"事"字，"计"是"五事"的重复，而不是另提新的内容。因为孙武在下文中提出七句设问，曹操称之为"七计"。其实，"经之以五，校之以计"在文法上是互文见义。"五事"与"七计"，为什么是同义的重复，我们在谈到"法"这一"事"时再说。

"五事"之一的"道"，孙子解释说："道者，令民与上同意也，故可以与之死，可以与之生，而不畏危。"按其本义，这里的"与上同意"与《谋攻》第三的"上下同欲"是同样的意思。《左传·成公六年（公元前 585 年）》也有人说过"圣人与众同欲，是以济事"。可见，"道"应当是指军队内部与外部的团结与巩固。

看到军队内部的团结与巩固在战争中的作用，并不是孙武的发明。《左传·桓公十一年（公元前 701 年）》所载蒲骚（今湖北应城县西北）之战中，楚国的斗廉就说过："师克（军队获胜）在和，不在众。"并且以牧野（今河南淇县南）之战为例证，认为周军以少胜多的原因之一就是"和"。"和"就是官兵的团结、内部的巩固。《管子·形势》说："上下不和，虽安必危"也是这样的意思。在这个问题上，孙武对于前人认识的发展，在于把这种内部上下团结一致的"道"，放在"天、地、将、法"的首要地位来考虑。他的这个观点，极大地影响了后世的军事学家。《吴子·图国》继承孙武这一思想，具体提出了"四不和"不能出战的主张，即"不和于国，不可以出军；不和于军，不可以出阵；不和于阵，不可以进战；不和于战，不可以决胜。"到了《孟子》，终于鲜明地发展为"天时不如地利，地利不如人和"的著名论断。

"五事"之二的"天"，就是天候。包括"阴阳"——昼夜、晴雨，"寒暑"——寒冬、酷暑，"时制"——春夏秋冬。从更广泛的意义说，天时还应当包括天旱水涝、蝗灾、冰雹等。孙武关于"天"的认识完全属于唯物主义范畴，这是很可贵的。当时的战争受天候条件的制约相当大，所谓"冬夏不兴师"，因为秋季出师才

便于因粮御敌。而且春秋末期以前的战争大都是在白天进行的，很少夜战，因为战争持续时间短，几个小时，最多一天即结束战斗。公元前575年晋楚

鄢陵（今河南鄢陵）之战，"旦而战，见星未已"，（《左传·成公十六年》）从早晨打到星光出现，在春秋中期已属罕见的史例。孙武在《军争》第七中说"夜战多火鼓"，则是对春秋末期战例的总结。当然，天候对战争的影响是从具体的作战对象所处的特殊地位说的。这里无妨举两个后世的战例来说明吧。例如，赤壁之战中，曹操在寒冬用兵，所以周瑜据此判断曹军战马缺乏饲料，是败因之一。而东汉马援进攻武溪蛮，则因盛夏士卒多染疾疫而失败。

"五事"之三的"地"，就是地形。关于各种类型的地形，孙武在《地形》第十、《九地》第十一中有颇为详细的论述，我们准备在那里再谈。这里，所要指出的是，孙武把地形条件是否有利作为判断胜负的因素，无疑是正确的。正如他在《地形》中所说："夫地形者，兵之助（辅助条件）也。料敌制胜，计险阨远近，上将之道也。知此而用战者必胜，不知此而用战者必败。"

"五事"之四的"将"，在这里集中地作一点分析。孙武把贤能的将帅不仅看作是关系战争胜负的重要因素，而且还说"知兵之将，生民之司命，国家安危之主也"（《作战》），又说"夫将者，国之辅也，辅周则国必强，辅隙则国必弱"（《谋攻》）。可以说，在十三篇中无篇不显露出孙武对将帅地位的竭力宣扬，对将帅条件的严格要求。固然，这里反映了孙武唯信主义的英雄史观，但是，必须看到，孙武强调将领的地位和作用，提出选将的条件和要求，又是与当时战争急剧发展的客观情况紧密联系的。

在春秋时代的深刻社会变革中，军事上也经历着前所未有的变化。郭沫若同志主编的《中国史稿》第一册中曾简明扼要地指出："甲士和车战的地位下降，徒兵和野战日益重要，这是和当时社会变化有密切联系的。甲士是由平民中的上层充当的，庶人只能作徒兵。平民阶级瓦解了，甲士和车战制度也随之而崩坏。庶人地位上升了，地主阶级要从农民中征兵，徒兵和野战的地位也就提高起来了。军队中的组织也和农村中的什伍组织相一致的，军队中的指挥已经不是非贵族不可了，甚至战俘也有被提升为指挥官的，并出现了军功爵制的萌芽。"这是鞭辟入里的分析。特别是春秋末期，由于井田制的破坏，郡县制和征兵制的出现，各国兵额激增，原来周天子拥有六军、大国三军、中国二军、小国一军的格局已完全打破了。在这样的历史条件下，战争的特点主要表现为以下几个方面：一是参战部队增多了。例如晋国，春秋初期的城濮之战时只有兵车七百乘（约二万一千人），到鲁昭公十三年平丘之会时，晋国有兵车四千乘（约十二万人）。又如齐国在公元前484年吴齐艾陵之战时，一战就损失兵车八百乘。当时吴国是四军，比齐军强大，其总兵力也有十几万。二是武器装备提高了。不仅铁兵器使用于战场，南方的吴、越、楚等国还有"余艎"之类的大型战船。三是战场地域扩大了，从平原旷野扩展到山林沼泽和江河湖海。我国第一次海上登陆作战就是公元前485年吴鲁联军的伐齐之战（《左传·哀公十年》）。四是战争持续时间延长了，例如吴楚柏举之战打了十一天，越灭吴围困姑苏竟达三年之久；同时战斗的激烈程度也有所加剧。五是作战方式复杂化了。由于徒兵进行野战，因而出现了奇袭、迂回、包围、伏击、侧击等战法，战场流动性增大，机动能力提高。

这一系列新的变化、新的特点，都向军队提出了提高指挥效能的新要求。原来，古代作战"出将入相"，文武是不分职的。据《左传·文公二年（公元前 660 年）》载，晋国大夫说："夫帅师，专行谋，誓军旅，君与国政之所图也。"意思是说率军作战，对作战方案定下决心，部署实施，是国君和正卿的职责。但是，到了春秋末期，这种现象已不能适应变化了的客观形势。因此，"将"这一崭新的事物终于出现在我国的军事舞台上。据日本学者泷川资言《史记会注考证》统计，这一时期的将军有：狐夜姑在晋国为将，孙武在吴为将，子重、子常、屈完在楚为将，司马穰苴在齐为将，詹伯在郑为将，慎子在鲁为将，子文在卫为将，等等。这些专职将领的出现正是随着战争发展的需要应运而生的。

那么，面对当时的战争，孙武对将领提出了哪些要求呢？这就是："智"，多谋善断；"信"，赏罚有信；"仁"，爱护士卒；"勇"，勇敢坚定；"严"，明法审令。这五条做将的标准，习惯上称为"五德"。古人说，孙武尚智，孙膑贵势，是很有道理的。孙武把"智"放在五德的第一位，表明了他对指挥才能的重视。作为将领的主要职责首先也应当是斗智。他认为，一个"贤将"对于关系全局的"五事"必须要有深刻的了解（"凡此五者，将莫不闻"），对于复杂的、易变的、矛盾的战场情况要能灵活处置（《九变》："故将通于九变之地利者，知用兵矣"），对于整个作战过程要善于分析判断，考虑利害得失，定下正确的决心（《九变》："是故智者之虑，必杂于利害"），要有丰富的作战经验，良好的应变能力（《地形》："故知兵者，动而不迷，举而不穷"），要善于周密地计算敌我兵力对比（《地形》："知吾卒之可以击，而不知敌之不可击，胜之半也；知敌之可击，而不知吾卒之不可以击，胜之半也；知敌之可击，知吾卒之可以击，而不知地形之不可以战，胜之半也"），等等。由此可以看出，没有丰富的作战经验和良好的军事素养，没有综合判断的洞察能力和高人一筹的预见能力，是不可能胜任贤将之责的。

孙武对才智如此重视，如此强调，正是对当时许多血的经验教训的总结。正面的例证如齐鲁长勺之战，曹刿"一鼓作气"的作战指导，取得了打败齐军的胜利，这是由于指挥高明而获胜。反面的例证，如宋襄公"不鼓不成列"的蠢猪式战法是尽人皆知的。还有公元前597年，晋楚两军在邲（今河南荥阳北）发生的一次大规模遭遇战中，晋军之所以惨败，就是由于主将荀林父指挥无能，迟疑坐困，并错误地下达渡河的命令，以致"舟中之指可掬"的（士卒因争相渡河逃命，先上船者用刀砍断后爬船者的手指，这些被砍断在船舱中的手指可以满把地捧起来）。

除指挥才能外，孙武也十分强调将帅要有良好的精神素质。对国家要"进不求名，退不避罪，唯人是保，而利合于主"（《地形》），"将不可以愠而致战"（《火攻》）；对士卒要"视卒如婴儿"，"视卒如爱子"（《地形》）；将帅个人也必须具备完善的品格，所谓"将军之事，静以幽，正以治"（《九地》）——"静"就是沉着，"幽"就是深思，"正"就是坚定，"治"就是整治。

孙武对将的要求是多方面的，这里只着重介绍了关于提高指挥效能方面的内容，至于治军等其他方面的丰富内容，我们将在有关的篇章中再分别介绍。

"五事"之五是"法"。什么是"法"？孙武说："法者，曲制、官道、主用也。"历来的注家大都采取曹操的解释："部曲、旌帜、金鼓之制也。官者，百官之分也。道者，粮路也。主者，主军费用也。"本书也依此翻译原文，但要看到曹操这种因字碎句的解释未必符合《孙子兵法》的本义。比如，把"曲制"释为"部曲之制"显然是不符先秦军制的。其实关于"法"，孙武在"七计"中有着明确的含义。"七计"除去"道""天""地""将"之外，还有"法令孰行？兵众孰强？士卒孰练？赏罚孰明？"可见，这四方面都是"法"的内容，不必为"曲制、官道、主用"去猜闷葫芦。明法审令，武器装备（兵，兵器；众，军械），军事训练，赏罚分明，这就是孙武所谓的"法"。所以我们在前面说"五事"与"七计"的文义是完全相同的。

强调用法治来对军队进行管理教育和军事训练，正是新兴地主阶级在军队建设上实现自己阶级意志的表现。春秋时代，晋悼公训练勇士，注重军纪，就是典型的一例。公元前 570 年，晋悼公之弟杨干违犯军纪，被执掌军法的中军司马魏绛杀其御手以示惩罚，受到悼公的称许和提拔。在军事训练上，据《吕氏春秋·简选》记载："吴阖闾选多力者五百人，利趾者（跑得快的）三千人，以为前阵，与荆（楚）战。"《墨子·非攻》也说："古者吴阖闾教七年（训练勇士七年），奉甲执兵（穿戴盔甲，手执兵器），奔三百里而舍（休息）焉。"在《兼爱》篇又说到越王勾践也曾训练这种敢死队三年。这种情形，当时在晋、秦各诸侯国都已蔚然成风。孙武在《地形》篇说到，经过这种严格训练的部队，官兵之间可以达到一同"赴深溪""与之俱死"的程度。这正是孙武对当时出现的许多"死师"（敢死队）的经验总结。

总之，孙武认为，通过对以上"五事"的概略比较，就可以大体预见战争的胜负了。所以他说："吾以此知胜负矣。"

二、关于主观指导

对敌我双方"五事"的对比，这只是静态的、客观物质条件的对比。如果战争的胜负仅仅局限于这样的对比，无疑是一种机械唯物论的观点。孙膑在《孙膑兵法·客主人分》中这样说道："众者胜乎？则投算而战耳。富者胜乎？则量粟而战耳。兵利甲坚者胜乎？则胜易知矣。"意思是说：人多就能胜利吗？那就计算一下双方人数多少就可以了。经济富足就能胜利吗？那就量一下双方粮食多少就可以了。武器装备精良就能胜利吗？那么胜负就太容易预见了。

具有朴素唯物论和辩证法思想的孙武，恰恰没有陷入机械唯物论的窠臼。他对战争胜负的分析并没有停留在仅仅对"五事"的比较上，而是紧接着提出了一个重要命题："计利以听，乃为之势，以佐其外。势者，因利而制权也。"即是说，计算客观利害，意见得到采纳，这只是指挥战争的常法，还要凭藉常法之外的变法才能把胜利的可能性变为现实性。这个变法就是"因利而制权"的"势"。"势"，就是于己有利的战场态势。什么是"权"？"权"的本义是秤锤，引申为权变。《荀子·议兵》说："权不可预设，变不可先图，与时迁移，随物变化。"可见，"权"就是因敌制胜，灵活用兵，是达到夺取有利态势的手段。历来的注家们，把孙武这一发挥主观能动作用而造成的有利态势，称之为"造势"。

为了造成优势主动的战场地位，没有灵活的战术、快速的机动、巧妙的伪装是不可能达到的。孙武第一次在我国军事学术史上鲜明地提出了"兵者，诡道也""兵以诈立"（《军争》）的战术原则。在这一原则指导下，他列举了十二条战法，人们习惯地称之为"诡道十二法"。这十二法的提出，一方面由于春秋时代的战争为孙武提供了直接材料，另一方面又是他对春秋时代战争经验的正确总结。因此，我们可以从当时的战例中找到这些战法的原型。例如，公元前508年吴楚豫章之战，吴军在豫章摆出决战的姿态，麻痹楚军，暗中转移主力进攻巢邑，重创楚军。这是利用四种"示形"之法——欺骗和伪装——取胜的实例。

"诡道"十二法的其余八法，是指对八种不同情况的敌人所采取的八种不同的对付方法。这些同样是春秋时代战争经验的总结。这里，仅以"强而避之"为例，就可看出孙武这些原则的提出，无一不是对过去战争血的经验的继承和发展。晋楚城濮之战，晋军

"退避三舍"，后发制人，是体现"强而避之"取胜的生动战例。反之，如果同强敌硬拼，那就必然失败。《左传·桓公八年》载：公元前704年楚随速杞（今湖北应山县西）之战，随国的季梁对随国君主说："楚人上左，君必左。无与王遇，且攻其右。右无良焉，必败。偏败，众乃携矣。"他认为楚国的风俗是以左为尊，楚王一定在主力左军之中，应该进攻较弱的右军。右军没有良将，一定失败。只要偏师右军一败，楚军士卒就离散了。季梁这一"强而避之"的意见，随侯不采纳，结果随军遭到惨败。再从军事理论上看，据《李卫公问对》载：与孙武同时的越国范蠡曾提出过这样的防御理论："后则用阴，先则用阳。尽敌阳节，盈吾阴节而夺之。"意思是说，后发制人是用潜力，先发制人是用锐气。最大程度地挫敌锐气，最高程度地发挥我军潜力去打击敌人。这一思想，更把"强而避之"的防御原则向前大大地推进了一步。

孙武的"诡道十二法"目的就是一个："攻其无备，出其不意"，对敌实施突然攻击。这十二法的要旨就在于集中兵力，攻虚击弱。因为无论是战役上或战斗上的伪装、佯动还是欺骗，都是为了迷惑敌人。只有迷惑敌人，才能隐蔽自己的兵力集中，调动敌人，使其错误地变更部署，分散兵力。唯其如此，才能最终达到攻其无备、出其不意的目的。

孙武在讲完了既有客观物质条件的优势，又有主观指导上的正确之后，最后得出结论："吾以此观之，胜负见矣。"这里的"见"，同"现"，即显现。即是说，主客观的胜利条件都充分具备之后，谁胜谁负就端倪可见了。

作战篇

原　文

其用战也胜，久则钝兵挫锐[1]，攻城则力屈[2]，久暴师则国用不足[3]。夫钝兵挫锐，屈力殚货[4]，则诸侯乘其弊而起[5]，虽有智者[6]，不能善其后矣！故兵闻拙速，未睹巧之久也[7]。夫兵久而国利者，未之有也[8]。故不尽知[9]用兵之害者，则不能尽知用兵之利也。

注　释

①久则钝兵挫锐：用兵旷日持久就会造成军队疲惫，锐气挫伤。钝，意为不锋利，疲惫、困之的意思。挫，挫伤。

②力屈：力量耗尽。

③久暴师则国用不足：长久陈师于外就会给国家经济造成困难。暴：同"曝"，露在日光下，文中指在外作战。国用，国家的开支。

④屈力殚货：力量耗尽，经济枯竭。殚，枯竭。货，财货，此处指经济。

⑤诸侯乘其弊而起：其他诸侯国便会利用这种危机前来进攻。弊，疲困，此处作危机解。

⑥虽有智者，不能善其后矣：意谓即使有智慧超群的人，也将无法挽回既成的败局。后，后事，此处指败局。

⑦兵闻拙速，未睹巧之久也：用兵打仗只听过宁可指挥笨拙而求速胜，而没见过为求指挥巧妙而使战争长期拖延的。拙，笨拙。巧，工巧、巧妙。

⑧夫兵久而国利者，未之有也：长期用兵而有利于国家的情况，从未曾有过。

⑨不尽知：不完全了解。

译文

用这样大规模的军队打仗，就要求速胜，旷日持久会使军队疲惫，锐气受挫；攻打城池，会使得兵力耗尽；军队长期在外作战，会使国家财力不继。如果军队疲惫、锐气挫伤、实力耗尽、国家经济枯竭，那么诸侯列国就会乘此危机发兵进攻，那时候即使有足智多谋的人，也无法挽回颓势了。因此，在军事上，只听说过指挥虽拙但求速胜的情况，而没有见过为讲究指挥技巧而追求旷日持久的现象。战事久拖不决而对国家有利的情形，从来不曾有过。因此不完全了解用兵弊端的人，也就无法真正理解用兵的益处。

原文

善用兵者，役不再籍①，粮不三载②，取用于国③，因粮于敌④，故军食可足也。国之贫于师者远输⑤，远输则百姓贫。近于师者贵卖⑥，贵卖则百姓财竭，财竭则急于丘役⑦。力屈、财殚中原，内虚于家⑧。

注释

①役不再籍：不二次从国内征集兵员。役，兵役。籍，本义为名册，此处作动词用，即登记、征集。再，二次。

②粮不三载：即不多次从本国运送军粮。三，多次。载，运送。

③取用于国：武器装备等从国内取用。

④因粮于敌：粮草给养优先在敌国就地解决。因，依靠、凭借。

⑤国之贫于师者远输：国家之所以因用兵而导致贫困，是由于军粮的远道运输。之，虚词，无实义。师，指军队。远输，远道运输。

⑥近于师者贵卖：意谓临军队驻扎点地区的物价会飞涨。近，临。贵卖，指物价飞涨。

⑦急：在这里有加重之意。丘役：军赋，古代按丘为单位征集军赋。

⑧力屈、财殚中原，内虚于家：国内百姓之家因远道运输而变得贫困、国家空虚。中原，此处指原野。

译　文

擅长用兵作战的人，兵员不再次征集，粮草不多次运送，武器装备由国内提供，粮食给养在敌国补充，如此，军队的粮草供给就充足了。国家之所以因用兵而导致贫困，就是由于远道运输，远道运输会使百姓陷于贫困。临近驻军的地区物价必定飞涨，物价飞涨，就会使得百姓之财富枯竭。公家财富枯竭，国家就急于增加赋役。这样一来，国内便家家空虚。

原　文

故智将务食于敌①，食敌一盅②，当吾二十盅；茛杆一石③，当吾二十石。

注　释

①智将务食于敌：明智的将帅总是务求就食于敌国。智将，明智的将领。务，务求、力图。

②盅：古代的容量单位，每盅为六斛四斗。

③茛杆：泛指马及其他中等牲畜的饲料。石：古代的容量单位，三十斤为钧，四钧为一石。

译　文

所以，明智的将帅总是务求在敌国解决粮草的供给问题。因为消耗敌国的一盅粮草，等同于从本国运送二十盅；耗费敌国的一石草料，相当于从本国运送二十石。

原 文

故杀敌者，怒也[1]；取敌之利者，货也[2]。故车战，得车十乘已上[3]，赏其先得者，而更其旌旗[4]，车杂而乘之[5]。卒善而养之[6]。是谓胜敌而益强[7]。

注 释

①杀敌者，怒也：军队英勇杀敌，关键在于激励部队的士气。怒，动词用法，这里指激励士气。

②取敌之利者，货也：若要使军队勇于夺取敌人的财物，就要先依靠财货奖赏。利，财物。货，财货，此处指用财货奖赏的意思。

③已上：即"以上"。已，同"以"。

④更其旌旗：在掳获的敌方车辆上更换上我军的旗帜。更，更换。

⑤车杂而乘之：将缴获的敌方战车和我方车辆掺杂在一起，用于作战。杂，掺杂、混合。乘，驾、使用。

⑥卒善而养之：善待被俘的故军士兵，使之为己所用。卒，俘虏、降卒。

⑦是谓胜敌而益强：这就是说在战胜敌人的同时使自己更加强大。

译 文

要让军队英勇杀敌，就应鼓舞士兵同仇敌忾的士气；要想夺取

少年读孙子兵法

敌人的军需物资，就必须借助物质奖励。因此，在车战中，凡是缴获战车十辆以上的，就奖赏最先夺得战车的人，并且换上我军的旗帜，混合编入自己的战车行列；对于敌俘，要善待和保证供给。这就是说愈是战胜敌人，自己也就愈加强大。

原文

故兵贵①胜，不贵久。

注释

①贵：重在、贵在。

译文

因此，用兵打仗贵在速战速决，而不宜旷日持久。

原文

故知兵之将①，民之司命②，国家安危之主③也。

注释

①知兵之将：指深刻理解用兵之法的优秀将帅。知，认识、了解。

②民：泛指一般人民。司命：传说主宰生死之神，此处引申为命运的主宰。

③国家安危之主：国家安危存亡的主宰者。主，主宰之意。

译　文

　　懂得用兵之道的将领，是人民生死的掌握者，是国家安危存亡的主宰。

解　读

　　篇名"作战"，不同于现代军语的"作战"，而是论述速战速决的进攻战略及其客观依据。

　　孙武从"不尽知用兵之害，则不能尽知用兵之利"这一朴素的辩证法思想出发，着重阐述了在进攻作战中速战速决的战略主张。他说："兵闻拙速，未睹巧之久也。"这话的意思是说，指挥虽拙而求速胜，决不为求工巧而旷日持久。孙武参加的吴军破楚入郢之战，就是这一战略思想绝好的说明。当时如果楚军封锁义阳三关，前后夹击，吴军将处于十分被动的地位。战争由于其概然性和不确实性的程度较大，因此总是带有一定程度的冒险性的。

　　能不能说孙武主张进攻和速胜而反对防御和持久呢？不能。因为孙武在本篇与《九地》第十一中所主张的进攻与速决，都是从对敌国实行战略进攻而言的，而不是从战略防御角度而言的。

既然是出国远征的战略进攻，那么孙武主张速胜是无可非议的。无论古今中外，凡是对敌对武装实行战略进攻的一方，无不主张速战速决，反对旷日持久；反之，实行战略防御的一方，都主张持久抗击而反对急于求胜。其所以如此，是由攻防双方战争的政治目的、经济条件和军事力量等基本条件决定的。

孙武对于为什么要实行速战速决的战略，从反面（旷日持久）提出了三方面的依据。

第一，造成国家财力消耗。他以十万部队出征为例，从武器装备等后勤供应方面进行概算，指出在实行进攻战略时如不速战速决，将会给国家财政带来惊人的消耗。部队出动之前，每天要耗费千金，他说："驰车千驷，革车千乘，带甲十万，千里馈粮，则内外之费，宾客之用，胶漆之材，车甲之奉，日费千金，然后十万之师举矣。"这是一笔账。部队出动之后，如果长期在敌国作战，顿兵坚城之下，不能速决，那就还有一大笔账。如他在《用间》第十三中所说的"相守（相持）数年，以争一日之胜"，那么为了维修补充"破车疲马，甲胄矢弩，戟楯蔽橹，丘牛大车"，公室就要拿出十分之七的开支。特别是战线越长，运输越困难。按《管子》的说法："粟行三百里，则国无一年之积；粟行四百里，则国无二年之积；粟行五百里，则国有饥色，所斋之物，耗于道路，农夫耕牛，俱失南亩，则百姓贫矣。"

第二，加重人民的负担。战争久拖不决，国家财力枯竭，必然要加征赋役，加重人民的负担，从而引起物价飞涨，造成人民的不满。他在《用间》篇中还说到，"内外骚动，怠于道路，不得操事者，七十万家"，这对社会生产力的影响和破坏是十分严重的。

第三，陷入两面作战的不利地位。春秋之世，诸侯列国互相兼并，战争频繁，互相觊觎，尔虞我诈。对于这样一种天下扰攘、列国虎视的形势，孙武多次论述过避免两线作战的问题，告诫制定战争政策的君主，一定要警惕"诸侯之难"（诸侯发难，举行入侵，见《谋攻》）。在本篇中他明确指出，如果长期曝师于外，就会造成"钝兵挫锐，屈力殚货，则诸侯乘其弊而起，虽有知者，不能善其后矣"。他看到，一旦陷入两面作战的被动状态，是任何人也不能挽救危局的。历史事实证明，春秋时代在许多被灭亡的国家中，有不少都是因两面作战而国破军亡的。吴国本身的灭亡，从军事战略的角度来看，其失败就是四面树敌，最后陷入两面作战，以致被越国所灭。

针对以上因久战所带来的三方面的不利，孙武提出了在战略进攻中如何争取速战速决，如何避免以上三方面不利因素的方法。

第一，为求速决，避免顿兵坚城。因为"攻城则力屈，久暴师则国用不足"。在当时生产力发展水平不高的情况下，对于城邑的进攻，由于攻城器械的限制，强攻很难奏效，只有采取计取和长围。孙武还在《谋攻》中着力地描绘了攻城对速胜的危害。他写道："攻城之法，为不得已。修橹轒辒，具器械，三月而后成，距闉又三月而后已；将不胜其忿，而蚁附之，杀士卒三分之一，而城不拔者，此攻城之灾也。"

第二，为减少财政开支和人民负担，他主张"役不再籍，粮不三载，取用于国，因粮于敌"。他计算"食敌一钟，当吾二十钟；萁秆一石，当吾二十石"。就是说，从运输成本计算，还是在敌国就地征发划算。采取这种类似"以战养战"的方针，既可减轻后勤供应上的负担，又可少征老百姓的赋役；又由于"因粮于敌"，补充了自己，而把困难留给了敌人。

第三，奖励士卒，优待俘虏。孙武主张"取敌之利者，货也"，"车战得车十乘以上，赏其先得者，车杂而乘之，卒善而养之"。如果采取这样的措施，那就会"胜敌而益强"，最终达到实现战略进攻的目的。

谋攻篇

孙子曰：凡用兵之法，全国为上，破国次之[①]；全军为上，破军次之；全旅为上，破旅次之；全卒为上，破卒次之；全伍为上，破伍次之[②]。是故百战百胜，非善之善者也[③]；不战而屈人之兵[④]，善之善者也。

①全国为上，破国次之：以实力为后盾，迫使敌方城邑完整地降服为上策，而通过战争交锋，攻破敌方城邑则稍差一些。全，完整。国，春秋时主要指都城，或指包括外城及周围的地区。

②军、旅、卒、伍：春秋时军队编制单位。一万两千五百人为军，五百人为旅，一百人为卒，五人为伍。

③非善之善者也：不是好中最好的。

④不战而屈人之兵，善之善者也：不动用武力便使敌人屈服，这是高明中最高明的。屈，屈服、降服。

孙子说：一般的战争指导法则是，使敌人举国降服为上策，而

少年读孙子兵法

击破敌国就略逊一等；使敌人全军完整地降服为上策，而击溃敌人的军队就略逊一等；使敌人全旅完整地降服为上策，而用武力击垮它就逊一筹；使敌人全卒完整地降服是上策，用武力打垮它就次一等；使敌人全伍降服是上策，用武力击溃它就次一等。因此，百战百胜，并不是高明中最高明的；不经交战而能使敌人屈服，这才算是最高明的。

原文

　　故上兵伐谋①，其次伐交②，其次伐兵③，其下攻城。攻城之法，为不得已④。

注释

　　①上兵伐谋：用兵的最高境界是用谋略战胜敌人。上兵，上乘用兵之法。伐谋，以谋略克敌制胜。

　　②其次伐交：当时的外交斗争，主要表现为运用外交手段瓦解敌国的联盟，扩大、巩固自己的盟国，孤立敌人，迫使其屈服，故称"伐交"。交，交合，此处指外交。伐交，即进行外交斗争以争取主动。

　　③伐兵：通过军队间交锋一决胜负。兵，军队。

　　④为不得已：出于无奈而为之。

译文

　　因此，用兵的上策是用谋略战胜敌人，其次是挫败敌人的外交联盟，再次就是直接与敌人交战，击败敌人的军队，下策就是攻打敌人的城池。选择攻城的做法是出于万不得已。

原　文

故善用兵者，屈人之兵而非战也①，拔人之城而非攻也②，毁人之国而非久也③。必以全争于天下④，故兵不顿而利可全⑤，此谋攻之法也⑥。

注　释

①屈，使人屈服。

②拔，攻取。

③毁人之国而非久也：灭亡敌人之国无需旷日持久。非久，不是旷日持久。

④必以全争于天下：一定要根据全胜的战略战胜于天下。全，即上言"全国""全军""全旅""全卒""全伍"之"全"。

⑤顿：整顿、召集。

⑥此谋攻之法也：这就是以谋略胜敌的最高标准。法，标准、准则。

译　文

因此，擅长用兵的人，使敌人屈服不是靠交战，攻占敌人的城池也不是靠强攻，毁灭敌人的国家更不是靠久战。一定要用全胜的战略争胜天下，这样才会不使自己的军队疲惫受挫，又能取得圆满、全面的胜利，这就是以谋略胜敌的标准。

原文

故用兵之法，十则围之①，五则攻之，倍则分之②，敌则能战之③，少则能逃之④，不若则能避之⑤。故小敌之坚⑥，大敌之擒也。

注释

①十则围之：兵力十倍于敌就包围敌人。

②倍则分之：有一倍于敌人的兵力，就设法分散敌人，造成局部上的更大优势。

③敌则能战之：如果敌我力量相当，则当敢于抗击、对峙。

④少：兵力少。逃：逃跑躲避。

⑤不若则能避之：指实际力量不如敌人，就要设法避其锋芒。不若，不如。

⑥小敌之坚，大敌之擒也：弱小的部队如果坚持硬拼，就会被强大的敌人所俘虏。小敌，弱小的军队。坚，坚定、强硬，此处指固守硬拼。

译文

所以用兵的原则是，拥有十倍于敌的兵力就包围敌人，拥有五倍于敌的兵力就进攻敌人，拥有两倍于敌的兵力就设法分散敌人，兵力相等就要努力抗击敌人，兵力少于敌人就要退却，兵力弱于敌人就要避免决战。因此，弱小的军队如果一味坚持硬拼，就势必成为强大敌人的俘虏。

原 文

夫将者，国之辅也①，辅周则国必强②，辅隙则国必弱③。

注 释

①国：指国君。辅：原意谓辅木，这里引申为辅助、助手。

②辅周则国必强：辅助周密、相依无间，国家就强盛。周，周密。

③辅隙则国必弱：辅助有缺陷则国家必弱。隙，缝隙，此处指有缺陷、不周全。

译 文

将帅是国君的助手，辅助周密，国家就一定强盛；辅助有缺陷，国家就一定衰弱。

原 文

故君之所以患于军者三①：不知军之不可以进而谓之进②，不知军之不可以退而谓之退，是谓縻军③；不知三军之事而同三军之政④，则军士惑矣⑤；不知三军之权而同三军之任⑥，则军士疑矣。三军既惑且疑，则诸侯之难至矣，是谓乱军引胜⑦。

注 释

①君之所以患于军者三：国君危害军队行动的情况有三个方

面。君，国君。患，危害。

②谓之进：即"使（命令）之进。"

③是谓縻军：这叫做束缚军队。

④不知三军之事而同三军之政：不了解军事而干预军队的政令。三军，泛指军队。春秋时一些大的诸侯国普遍设有三军，有的为上、中、下三军，有的为左、中、右三军。同，此处是参与、干预的意思。政，政务，这里专指军队的行政事务。

⑤军士：指军队的吏卒。惑：迷惑、困惑。

⑥不知三军之权而同三军之任：不知军队行动的权变灵活性质，而直接干预军队的指挥。

⑦是谓乱军引胜：自乱军队，失去了胜机。乱军，扰乱军队。

译 文

国君危害军事行动的情况有三种：不了解军队不能前进而硬让军队前进，不了解军队不能后退而硬让军队后退，这叫做束缚军队；不了解军队的内部事务，而去干预军队的行政，就会使将士迷惑；不懂得军事上的权宜机变，而去干涉军队的指挥，就会使得将士产生疑虑。军队既迷惑又心存疑虑，那为诸侯列国乘机进犯的灾难也就随之降临了，这叫做自乱其军。

原 文

故知胜有五：知可以战与不可以战者胜，识众寡之用者胜①，上下同欲者胜②，以虞待不虞者胜③，将能而君不御者胜④。此五者，知胜之道也⑤。

注释

①识众寡之用者胜：能根据双方兵力对比情况而采取正确战法，就能取胜。

②上下同欲者胜：上下同心协力的能够获胜。

③以虞待不虞者胜：以充足的准备对付没有准备者则能得胜。

④将能而君不御者胜：将帅有才能而国君不加掣肘的能够获胜。御，原意驾御，这里指牵制、制约。

⑤知胜之道也：认识、把握胜利的规律。

译文

预知胜利的情况有五种：知道可不可战的，能够胜利；了解兵多和兵少不同用法的，能够胜利；全军上下意愿一致的，能够胜利；自己准备充足对付没有准备的能得胜；将帅有才能而国君不加掣肘的，能够胜。凡此五条，就是预知胜利的方法。

原文

故曰：知彼知己，百战不殆①；不知彼而知己，一胜一负②；不知彼不知己，每战必殆。

注释

①殆：危险、失败。

②一胜一负：即胜负各半。指没有必胜的把握。

所以说：既了解敌人，又了解自己，百战都不会有任何危险；虽不了解敌人，但了解自己，便有时能胜利，有时会失败；既不了解敌人，又不了解自己，则每次用兵都会有危险。

解读

"谋攻"，直译就是用谋略攻敌。换言之，就是在战略策略上战胜敌人。全篇主要论述"全胜"的战略思想及其实现的方法和条件，核心是一个"全"字。

《孙子兵法》中的"全"，如同孔子哲学的核心"仁"、老子哲学的核心"道"一样，是我们研究孙武军事思想的一条基本线索。十三篇中，提到"全"的地方有十处之多，诸如"安国全军之道"（《火攻》），"知天知地，胜乃可全"（《地形》），"自保而全胜"（《地形》），等等，但最主要的篇章则是本篇《谋攻》。其中有这样一段话："故善用兵者，屈人之兵而非战也，拔人之城而非攻也，破人之国而非久也，必以全争于天下，故兵不顿而利可全，此谋攻之法也。"

"全"，《说文解字》告诉我们："纯玉曰全。"由无瑕的纯玉引申为完整、完备、完美的意思。例如《列子·天瑞》："天地无全

功，圣人无全能，万物无全用。"认为无论天地、万物、明君贤将都不可能达到十全十美的地步。孙武也正是在这个意义上使用"全"的含义的。"必以全争于天下，故兵不顿而利可全"一语，意思是："一定要用全胜的计谋争胜于天下，这样军队不致受到挫伤，而胜利可以完满取得。"

所谓全胜的计谋，就是本篇中所说的"百战百胜，非善之善者也；不战而屈人之兵，善之善者也"。这里讲的"不战而屈人之兵"与"屈人之兵而非战也"中的"不战""非战"，都是指不与敌人直接交战，而不是放弃武装，反对战争。不经过直接交战而使敌人屈服的"全胜"战略思想，是孙武对战争所希图达到的最高理想境界。

在我国军事史上，孙武首先提出"全胜"的思想绝不是偶然的。

春秋是大国争霸、战争频繁、弱肉强食的时代，诸侯列国之间的矛盾错综复杂。为了同大国抗衡，中、小国家频繁地缔结各种攻守盟约。如卫国与陈国在盟约中表示："若大国讨，吾则死之（以死抵御外侮）。"（《左传·宣公十三年》）这种以武力为后盾的外交斗争，常常能达到所谓"不越樽俎之间，折冲千里之外"的效果，使一场即将爆发的战争被制止。在春秋历史上，郑国由于处于晋楚两大国的中间地带，因而历史地造成了它是最具有外交谋略和斗争传统的国家。公元前631年，郑国大夫烛之武一席话劝退了秦穆公所率秦军，迫使晋文公策划的一场伐郑战争烟消云散，使郑国危如累卵的形势化险为夷（事见《左传·僖公三十年》）。又如公元前627年，商人弦高智退秦军偷袭的著名故事，也是发生在郑国（见《左传·僖公三十三年》）。公元前598年郑国公子子良提出的两面应付晋楚的策略，使郑国得以生存（《左传·宣公十一年》）。而到公元前543年至公元前522年的二十一年间，郑国的执政子产在开展反抗强权的外交斗争中更是功绩卓著。

正是在这样一种特定的历史条件下，孙武继承和发展了前人的"谋攻"经验，提出了崭新的"全胜"思想。

对于"全胜"的内容及其方法，孙武作了详尽的分析。"全胜"的内容，包括政治战略和军事战略两个部分。

在政治战略上，他主张"全国为上"——使敌国完整的降服为上策。实现的方法就是"伐谋""伐交"。

所谓"伐谋"，就是打破敌人的战略企图。唐朝杜佑的【注解】说："敌方设谋欲举众，师伐而抑之，是其上。故太公云：'善除患者，理于未生；善胜敌者，胜于无形。'"他的解释是极为正确的。杜牧在注释中举了两个史例生动地说明了"伐谋"的运用。一种情况是敌人正谋划攻我，我则先伐其谋，制止敌人的进攻。他举例说春秋时晋平公要攻打齐国，派范昭到齐国观察政情。齐相晏婴在樽俎之间挫败了范昭的挑衅，阻止了晋国的战争。另一种情况是我欲攻敌，敌已有防御打算，我则挫败其防御企图，使敌来不及组织有效的抵抗。这种情况他以春秋时秦国伐晋的河曲之战为例。公元前615年，秦国发兵攻晋，晋国派将军赵盾率兵抵御。赵盾采纳了上军副将臾骈"深垒固军以待之"的持久防御方针。秦国君主鉴于这一情况，问计于部将士会。士会献策说："晋将赵穿是晋国国君的女婿，受到宠信。但他不懂军事，为人骄狂，可以派兵一部袭击赵穿所在的上军，诱其脱离筑垒地域，进行野战。"士会这个计策实行后，果然奏效，打破了晋军持久防御的预定方针。

所谓"伐交"，就是上文所说的在外交斗争上战胜敌人。"伐谋"与"伐交"都是政治战略上的斗争，二者虽有区别，但又是彼此联系的。例如著名的晋楚城濮之战，晋文公在战前所进行的一系列行动——争取齐、秦参战，拆散楚国与曹国、卫国的同盟，乃至扣留楚使宛春激怒楚将子玉等，都融汇了"伐谋"与"伐交"的斗争。孙武对于"伐谋""伐交"和"伐兵"的关系及其具体运用，在《九地》篇第十一中有进一步的阐述，现把他的主要论点提在这里作些介绍。

他说："是故不知诸侯之谋者，不能预交。"认为如果不了解诸侯的战略意图，就不能与他们结交。这句话可以看作是孙武对"谋"与"交"二者关系的阐发。他又说："夫霸王之兵，伐大国则其众不得聚；威加于敌，则其交不得合，是故不争天下之交，不养天下之权，信己之私，威加于敌，故其城可拔，其国可隳。"这段话，是孙武对于谋略、外交以及诉诸武力诸关系的更深入、更明晰的表述。

孙武"全胜"内容的另一个重要方面，就是表现在"伐兵"上的军事战略："全军为上，破军次之；全旅为上，破旅次之；全卒为上，破卒次之；全伍为上，破伍次之。"这里的四个"全"均用作动词，表使动意义，意为使敌完整地屈服。何延锡注云："此意以策略取之为妙，不唯一军，至于一伍，不可不全。"这一解释，可谓得其本旨。正因为孙武把他的"全胜"思想一直贯穿到战场斗争中，所以他提出了一个重要的命题："是故百战百胜，非善之善者也；不战而屈人之兵，善之善者也。"

作为同"不战而屈人之兵"成为反面的战略，孙武认为是顿兵坚城，久战不克。进攻城邑，在春秋时代虽然已经出现，但是由于当时生产力水平的限制，攻城器械还很简陋，难以达到速战速克的目的。相反，城邑建筑已很高大坚固，所谓"九层之台，起于累土"（《老子》），防御上占有便利条件，故有"一女乘城，可敌十夫"之说。

其实还应看到，春秋时代城邑在经济和政治上的价值还没有上升到如同战国时代那样的战略地位。因此，孙武虽然不反对攻城，但却明确表示"攻城之法，为不得已"，是在特殊情况下不得已采取的"下策"。

在战场上如何争取"全胜"，孙武在以后几篇中分类进行了精辟的论述。在本篇，他也原则性地提出了敌我兵力对比不同所应采取的方法，即"十则围之，五则攻之，倍则分之，敌则能战之，少则能逃之，不若则能避之"。

孙武提出的这六条"用兵之法"，曹操在注解时均有独到的见解和正确的发挥，有必要在这里加以引述。对于"十则围之"，他认为采取包围，本来不要十倍的兵力，而孙武之所以主张以十倍兵力去包围，乃是在"将智勇等而兵利钝均"的特殊情况下所采取的打法。他以亲自指挥的活捉吕布的下邳之战为例，由于吕布军队智勇不如曹操军，武器装备也低劣，所以

曹操虽然只有两倍于吕的兵力，仍然采取包围战法取得了胜利。当然，"十则围之"的"十"，不应机械地看作是实数，不过略言兵力众多的意思。

对于"五则攻之"以下各法，曹操更从兵力使用上作了进一步的发挥，对于后世学习《孙子》提供了有益的启示。他说，兵力五倍于敌，就要以五分之三的兵力（主力）为正兵，以五分之二的兵力（次要兵力）为奇兵，实施钳形攻击。

对于"倍则分之"，曹操指出兵力两倍于敌，就以二分之一的兵力打正面，以二分之一的兵力打迂回（或侧击，或背击）。《春秋穀梁传·僖公二十二年》说"倍则攻"，这与孙武所说的"倍则分之"似乎不同，但精神是一致的，都是主张对敌采取攻势行动。而孙武更明确指出在这种情况下，要尽量造成敌人兵力分散，以便以众击寡、以多胜少。

对于"敌则能战之"，历来注家各说不一。其实，还是曹操的

注解最为合理。此句中的"能"字（包括以下两句之"能"字），《经传释词》指出：都是当"乃"字解释，而不是"能够"的意思。此句中的"战"字，曹操认为"善者犹当设伏奇以胜之"，就是说当敌我势均力敌时，就要善战。所谓"善战"，就是善于出奇设伏，灵活变化，使敌莫测。把"战"释为"善战"比释为"力战""激战""战胜"更符合孙武子的"全胜"思想，无疑是合理的、可取的。

"少则能逃之"，是说兵力对比，质量相等而数量上少于敌人就要退却。曹操的注解似本于"少则能守之。"所以他说："高垒深沟，勿与战也"，"不若则能避之。"是说兵力对比，数量相等而质量弱于敌人就要避免决战。

为了求得达到"全胜"的目的，孙武不仅原则性地提出了六种战法，而且还以明快的语言提出了必须具备的两个重要条件：一是明君，一是贤将。对于明君在军事上的表现，孙武从反面提出了三条批评："不知军之不可以进而谓之进，不知军之不可以退而谓之退，是谓縻军；不知三军之事而同三军之政者，则军士惑矣；不知三军之权而同三军之任，则军士疑矣。"这三条都是君主对军队的瞎指挥。反之，不搞瞎指挥，而是按照军事斗争的特点对将帅进行正确领导的，就是孙武所主张的明君。君与将的关系，孙武并不认为是对立的、相互排斥的，而是认为二者的关系如同辅车相依——国君如同车轮，将帅如同车轮上的支柱——缺一不可。

孙武又从战争指导上提出了争取"全胜"的五个条件："知可以战与不可以战者胜，识众寡之用者胜，上下同欲者胜，以虞待不虞者胜，将能而君不御者胜。"这五条"知胜之道"，孙武是从对敌我双方进行侦察判断的角度提出的，所以他的结论是："知彼知己，百战不殆。"毛泽东同志在《中国革命战争的战略问题》一文中对此曾给予了高度评价："中国古代大军事学家孙武子书上'知彼知己，百战不殆'这句话是包括学习和使用两个阶段而说的，包括从认识客观实际中的发展规律，并按照这些规律去决定自己行动克服当前敌人而说的，我们不要看轻这句话。"

孙武毕竟由于历史条件和阶级条件的限制，不可能全面地观察各种类型的战争，也不可能揭示战争的深刻的社会本质，因此他的全胜思想只是当时特定历史条件下的产物。对此，我们既不能苛求前人，但也应作出正确的解释。

我们应当看到春秋时代的许多战争，由于其战争目的和战略企图简单、低级，因而常常只须炫耀一下武力，进行一番外交斗争，或者通过一般的战场较量就达到了政治目的，完成了战略企图，结束了一场战争。正是在这样的历史条件下，孙武总结和提出了"全胜"思想。《十家注孙子》中征引《太公兵法》说："善除患者，理于未生；善胜敌者，胜于无形"，"争胜于白刃之前者，非良将也。"春秋及其以前的战争确实存在这样的客观情况。例如，《左传·僖公四年（公元前656年）》载：齐楚召陵（今河南郾城东）结盟，就是由于楚军以实力为后盾，楚成王派屈完质问齐桓公，并且面对齐桓公的武力威胁作了有理有节、不卑不亢的外交斗争，从而使齐桓公所纠合的八国之军不敢蠢动，最后在召陵结盟修好的。

还要看到，我们对于孙武的全胜思想不能片面地理解为仅仅是"伐谋""伐交""不战而屈人之兵"，而应当把他在战争指挥上的"胜于易胜"（《形篇》）、"胜已败者"（《形篇》）等用力至少而获胜至大的一系列主张，都看作是全胜的内容。这不是曲解《孙子》，恰恰是全面地看待这一部兵学名著。我们知道，孙武在对待物质条件和精神条件二者的关系上是具有朴素的唯物辩证思想的。如果孙武仅仅把谋略的胜利视为全胜的唯一条件，那么他岂不成了唯意志论者？然而，战争的胜利，必须依靠人和物很好结合才能取得。物质力量必须用物质去战胜，这是任何一个面对现实的战争指导者都懂得的。

还必须看到，孙武的全胜思想对于后世产生了积极的影响，许多著名的兵书和军事家都吸收了这一思想。《司马法》说："上谋不斗。"司马穰苴在齐国明法审令，整饬军队，燕国和晋国闻风丧胆，不战而退。《尉缭子·战权》也说："高之以廊庙之论（战略方针要高明）。"《吴子·图国》中说"五胜者祸，四胜者弊，三胜者霸，二胜者王，一胜者帝"，认为多次取胜而夺天下者，将会招致祸害，只有一次取得胜利的才能成就帝业。以上这些军事思想，都无疑师法于孙武的"全胜"观，并在战国时代加以发展和创新。

　　那么，"不战而屈人之兵"有没有唯心的成分呢？战争是力量的竞赛，在力量优势、态势有利、主观指导高明的情况下，可以取得损失小而战果大的胜利。但是，这种损失小与战果大是相对的，不能绝对化。"将欲取之，必先予之"。如果企求一种绝对理想的最佳谋略，一种毫不蚀本的最大胜利，那当然是唯心主义的、不切实际的。对孙武这一"全胜"思想的理解，既要看到当时的历史条件，又要正确地把握它的文义。

军形篇

原 文

孙子曰：昔之善战者，先为不可胜[①]，以待敌之可胜[②]。不可胜在己，可胜在敌[③]。故善战者，能为不可胜，不能使敌之可胜[④]。故曰：胜可知，而不可为[⑤]。

注 释

①先为不可胜：先创造条件，使敌人不能战胜自己。为，造成、创造。不可胜，使敌人不可能战胜自己。

②以待敌之可胜：敌之可胜，指敌人可以被我战胜的时机。待，等待、寻找、捕捉的意思。

③不可胜在己，可胜在敌：指创造不被敌人战胜的条件，在于自己主观的努力，而敌方是否能被取胜，取决于敌方自己的失误，而非我方主观所能决定。

④能为不可胜，不能使敌之可胜：能够创造自己不为敌所胜的条件，而不能强令敌人一定具有可以被我战胜的时机。

⑤胜可知，而不可为：胜利可以预测，却不能强求。知，预知、预见。

译 文

　　孙子说：以前擅长用兵打仗的人，先要做到不会被敌方战胜，然后捕捉时机战胜敌人。不会被敌人战胜的主动权操在自己手中，能否战胜敌人则取决于敌人是否有隙可乘。因此，擅长打仗的人，能创造不被敌人战胜的条件，但却不可能做到使敌人一定被我战胜。

原 文

　　不可胜者，守也[1]；可胜者，攻也。守则不足，攻则有余[2]。善守者，藏于九地之下；善攻者，动于九天之上[3]，故能自保而全胜[4]也。

注 释

　　[1]不可胜者，守也；可胜者，攻也：意为使敌人不能胜我，在于我方防守得当；而战胜敌人，则取决于我方进攻得当。

　　[2]守则不足，攻则有余：采取防守的办法，是因为自己的力量处于劣势；采取进攻的办法，是因为自己的力量处于优势。

　　[3]"九地、九天"句：善于防守的人，能够隐蔽军队的活动，如藏物于极深之地下，令敌方莫测虚实；善于进攻的人，进攻时能做到行动神速、突然，如同从九霄飞降，出其不意，迅猛异常。九，虚数，泛指多，古人常用"九"来表示数的极点。九地，形容地深不可知；九天，形容天高不可测。

④自保而全胜：保全自己而战胜敌人。

要想不被敌人战胜，在于防守严密；想要战胜敌人，在于进攻得当。实行防御，是由于兵力不足；采取进攻，是因为兵力有余。善于防守的人，隐蔽自己的兵力如同深藏于地下；善于进攻的人，展开自己的兵力就像自九霄而降，所以，既能保全自己，又能夺取胜利。

原　文

故善战者之胜也，无智名，无勇功。故其战胜不忒①。不忒者，其所措必胜，胜已败者也②。

注　释

①不忒：不出差错。忒：差错，失误。

②胜已败者也：战胜败局已成的敌人。

译　文

所以，擅长打仗的人打了胜仗，既不显露出指挥的名声，也不表现为勇武的战功。他们取得的胜利，是不会有差错的。其之所以不会有差错，是因为他们的作战措施建立在必胜的基础上，能战胜那些已经处于失败地位的敌人。

原　文

故善战者，立于不败之地，而不失敌之败也①。是故胜兵先胜而后求战②，败兵先战而后求胜③。

注　释

①不失敌之败也：不放过使敌人失败的机会。

②胜兵先胜而后求战：能取胜的军队，总是先创造取胜的条件，然后才和敌人决战。胜兵，胜利的军队。先胜，先创造不可被敌战胜的条件。

③败兵先战而后求胜：指失败的军队总是贸然开战，然后企求侥幸取胜。

译　文

擅长作战的人，总是确保自己立于不败之地，同时不放过任何击败敌人的机会。所以，胜利的军队总是先创造获胜的条件，而后才寻机与敌决战；而失败的军队，却总是先和敌人交战，而后企望侥幸取胜。

原　文

善用兵者，修道而保法①，故能为胜败之政②。

注　释

①修道而保法：修明政治，确保各项法制的贯彻落实。道，政

49

治，政治条件。法，法度，法制。

②为胜败之政：即成为胜败的主宰。政，同"正"，引申为主宰的意思。

译 文

擅长指挥军队作战的人，必须修明政治，确保法制，如此才能掌握战争胜负的决定权。

原 文

兵法：一曰度①，二曰量②，三曰数③，四曰称④，五曰胜。地生度⑤，度生量⑥，量生数⑦，数生称⑧，称生胜⑨。

注 释

①度：指土地幅员的大小。

②量：容量、数量，指物质资源的数量。

③数：数量、数目，指兵员的多寡。

④称：衡量轻重，指敌对方实力状况的衡量对比。

⑤地生度：意谓因所处地域的不同，产生土地幅员大小的差异。生，产生。

⑥度生量：指因土地幅员的大小差异，产生物质资源的多少不同。

⑦量生数：指因物质资源的多少不同，产生兵员多寡的差异。

⑧数生称：指因兵员多寡的不同，产生军事实力的强弱不同。

⑨称生胜：指因军事实力对比的不同，决定了战争胜负的不同。

译文

兵法的基本原则有五条：一是"度"，二是"量"，三是"数"，四是"称"，五是"胜"。敌我所处的地域不同，产生双方幅员大小不同的"度"；敌我地幅大小——"度"的不同产生了双方物质资源丰瘠不同的"量"；敌我物质资源丰瘠——"量"的不同，产生了双方军事实力强弱不同的"称"；敌我军事实力强弱——"称"的不同，最终决定了战争的胜负成败。

原文

故胜兵若以镒称铢①，败兵若以铢称镒。胜者之战民②也，若决积水于千仞③之溪者，形也。

注释

①以镒称铢：此处指实力悬殊。镒，古代重量单位，合二十四两或二十两，意谓其重；铢，古代重量单位，二十四铢为一两，意谓其轻。

②战民：士兵。

③决积水于千仞：犹如八千尺上之水，决堵而下，势不可挡。仞，古代长度单位，

八尺为一仞。

 译　文

　　胜利的军队较之于失败的军队，犹如以"铢"比"镒"那样，占有绝对的优势；而失败的军队较之胜利的军队，就像用"镒"比"铢"那样，处于绝对的劣势。胜利者指挥军队与敌作战，就像在万丈悬崖掘开山涧的积水，所向披靡，这就是"形"的军事实力。

解　读

　　《形篇》之"形"，就是形体之意，指客观物质力量，在军事上就表现为众寡、强弱，即兵力数量的多少、军队战斗力的强弱和军事素质的优劣。全篇主要论述在自己立于不败之地的前提下，对敌实行进攻所必须具备的军事实力，中心是说不打无把握之仗。

　　孙武在本篇提出了一个重要的作战指导思想："胜兵先胜而后求战，败兵先战而后求胜。"十分明确地表示出不打则已、打则必胜这样一种不打无把握之仗的思想，反对侥幸求胜的、鲁莽灭裂的作战指导。他正是围绕着这一中心，对攻防关系作了极为深刻而精辟的论述。

　　为了进行有把握取胜的作战，孙武主张首先要"先为不可胜，以待敌之可胜"。那么什么是"不可胜"和"可胜"的手段呢？他明确回答说："不可胜，守也；可胜，攻也。"由于他认为不可被敌战胜的最好作战形式是防守，因而要求采取防御态势，消灭自己的弱点，巩固自己的战场地位。

人们不禁要进一步追问，为什么采取防御部署就能做到"不可胜"呢？对此，孙武也作了有分析的回答。至少在本篇中作了这样三方面的分析：一、"不可胜在己"。因为知彼与知己二者比较，当然知己容易知彼难。自己既对自己的兵力、地形等各方面条件有充分的了解，因而有把握、有条件作出正确的防御部署。二、"守则不足"。防守是由于兵力不足，但同样的兵力用于防御，兵力还有富余。攻与防所用兵力的比例大体是二比一。《孙膑兵法·客主人分》就说过"客倍主人半"，即攻者兵力两倍，防者为其一半。这是因为防御的一方有工事可以依托，有良好的阵地可以阻遏敌人进攻，俗语所谓"一夫当关，万夫莫开"；还因为战线较短，后勤供应比攻方要便利容易得多。三、地位主动。孙武说："先为不可胜，以待敌之可胜。"这"以待"二字就是待机的意思。由于防御者处于"主人"地位，进攻者处于"客"的地位，这种主客形势就包含有主动、被动的因素。防御者可以从容地观察进攻者的部署和行动，然后趁机予以打击。

孙武对于攻防、胜负的论述十分谨慎，他只表示：采取防御可以做到保全自己，但能不能取得胜利他不打包票，那要看是什么样的敌人，所谓"可胜在敌"。

孙武看到，防御只是"自保"的作战形式，要取得消灭敌人的胜利，还必须采取进攻的作战形式，所谓"可胜者，攻也"。对于进攻作战，孙武所企求的胜利，仍然贯穿了他的"全胜"思想。在本篇中，对于"全胜"的战略思想作了更进一步的发挥，提出"胜于易胜"的指导原则。他说：采取进攻作战所夺取的胜利，如果在战争预测上，"见胜不过众人之所知"；如果在战争结局上"战胜而天下曰善"，都是"非善之善者也"。那么怎样的胜利才是他所企求的标准呢？那就是："无智名，无勇功。故其战胜不忒，不忒者，其所措必胜，胜已败者也。"进攻那已经处于失败地位的敌人，这就是孙武对"胜于易胜"的进一步说明，也是孙武"先胜而后求战"、不打无把握之仗的指导思想的进一步深化。

"胜已败"之敌，不是主观随意想像所能实现的，必须有具体的措施。孙武提到了两点：

一是"修道而保法，故能为胜败之政"。从这里也可看出孙武对于修明政治、确保法治是十分重视的。虽然在这里只是一句话，然而分量很重。他所以对这个问题在这里略而言之，是因为在《始计篇》中他已详细论述了。

二是"称胜"——造成优势的客观物质条件。孙武在这里提出了一个十分重要的战斗力计算问题。这是他继《计篇》战略运筹（庙算）之后，又一次在战术范围内把数量分析引进到军事领域之中。他说：战斗力可按照度、量、数、称、胜依次进行直算。根据地幅的大小、险易，可以获得对双方土地面积和战场地形的测度，这就是"度"；根据对地形的测度，可以获得双方土物产资源和兵力展开的战场容量，这就是"量"；根据战场容量的程度，可以获得敌我双方物产兵力数量，同时也可算出自己所应部署的兵力数量，这就是"数"；根据敌我双方兵力数量的对比，可以知道谁强谁弱的作战能力，这就是"称"，根据作战能力的大小就可以判断谁胜谁负。张预在注释中引《李靖兵法》说："教士犹布棋于盘，若无画路，棋安用之？"认为孙武这一战术计算说的是"安营布阵之法"。张预的解释无疑是可备一说的。因为，孙武既然主张预见胜利要超出众人之上，所以在定下作战决心时必须有科学的依据，以便去制定作战计划，指导战斗行动，达到他所需求的用最小的代价换取最大胜利的目的。

孙武关于计算问题的提出，是与当时生产力的发展水平相一致的。据《左传·昭公三十二年（公元前510年）》载：晋国的士弥牟修筑成周城，由于他对整个工程的长度、高度、宽度，沟渠的深度、用土的数量、运输的远近，竣工的日期，需用的人工及所要消耗的粮食数量等，进行了精确的计算，因而在三十天内如期完成了任务，由此可以看出当时数学的运用已有较高的水平，这也必然反映在战争上。成书于春秋至战国的《管子》中就大量地论述了数学计算在军事上的运用。例如《七法》篇说："刚柔也，轻重也，大小也，实虚也，远近也，多少也，谓之计数。"至于战国时代的兵学家们，对于战术计算则更加重视，也更加缜密。例如《六韬》中谈到"法算"这一职掌，就是专门进行战术计算的参谋人员。

孙武把力量对比建立在科学计算的基础上，而且他要求这种强弱对比如同"以镒称铢"那样占有绝对优势。因此，这样优势的兵力一旦向敌发起进攻，就如同蓄积于高山之水，一经决开，奔腾而下，莫可抵御。

　　按照孙武这样去指导战争，就如同陈皞在注释中所说的，可以做到"筹不虚运，策不徒发"。每战都仔细计划，慎重行动，非有十分把握决不贸然用兵，自然就能战必胜、攻必克。

兵势篇

孙子曰：凡治众如治寡①，分数是也②；斗众③如斗寡，形名④是也；三军之众，可使必受敌而无败⑤者，奇正⑥是也；兵之所加，如以碫投卵⑦者，虚实⑧是也。

①治众如治寡：管理人数众多的部队如同管理人数很少的部队一样。治，治理、管理。

②分数：此处指军队的编制。把整体分为若干部分，就叫分数，这里是指分级分层管理之意。

③斗众：指挥人数众多的部队作战。斗，动词，为使……战斗之意。

④形：指旌旗。名：指金鼓。在战场上，投入兵力众多，分布面积也很宽广，主帅下达的命令难以传达，所以设置旗帜，高举于手中，让将士知道前进或后退等命令，而用金鼓来节制将士或进行战斗或终止战斗。

⑤必："毕"的同意假借，意为完全、全部。

⑥奇正：常规与奇兵并用。奇正，古兵法常用术语，指军队作战的特殊战法和常用战法。就兵力部署面言，以正面受敌者为正，以机动突击为奇。就作战方式言，正面进攻为正，侧翼包抄偷袭为奇；以实力围歼为正，以诱骗欺诈为奇等。

⑦以碫投卵：比喻以坚击脆，以实击虚。

⑧虚实：古兵法常用术语，指军事实力上的强弱、优劣。有实力为"实"，反之为"虚"；有备为"实"，无备为"虚"；休整良好为"实"，疲敝松懈为"虚"。此处含有以强击弱、以实击虚的意思。

译文

孙子说：一般而言，管理大部队如同管理小部队一样，这属于军队的组织编制问题；指挥大部队作战如同指挥小部队作战一样，这属于指挥号令的问题；整个部队遭到敌人攻击而没有溃败，这属于"奇正"战术的变化问题；对敌军所实施的打击，如同以石击卵一样，这属于"避实就虚"原则的正确运用问题。

原文

凡战者，以正合①，以奇胜。故善出奇者，无穷如天地，不竭如江河②。终而复始，日月是也；死而复生，四时是也③。

注释

①以正合，以奇胜：即以正兵合战，奇兵制胜。合，交战、

合战。

②无穷如天地，不竭如江河：喻正奇之变化有如宇宙万物之变化无穷，江河水流之不竭尽。

③死而复生，四时是也：去而复来，如春、夏、秋、冬四季更替。

译 文

一般的作战，总是以"正兵"合战，用"奇兵"取胜。所以，善于出奇制胜的人，其战法的变化如天地运行那样变化无穷，像江河那样奔流不息。终而复始，就像日月的运行；去而复来，如同四季的更替。

原 文

战势①，不过奇正，奇正之变，不可胜穷也。奇正相生②，如环之无端③，孰能穷之④？

注 释

①战势：指具体的兵力部署和作战方式。

②奇正相生：奇正之间相互依存、转化。

③如环之无端：言奇正之变化无始无终，永无尽头。端，无始无终。

④孰：谁。穷：穷尽。之：指奇正相生变化。

作战的方式不过"奇""正"两种，可是"奇""正"的变化，却永远未可穷尽。"奇""正"之间的相互转化，就像顺着圆环旋绕似的，无始无终，又有谁能够穷尽它呢？

原 文

激水之疾，至于漂石者，势也。鸷鸟①之疾，至于毁折者，节②也。是故善战者，其势险，其节短，势如彍弩③，节如发机④。

注 释

①鸷鸟：一种凶猛的鹰隼。

②节：节奏。指动作爆发得既快捷、猛烈，又恰到好处。

③彍弩：即弓满待发之弩。彍，弩弓张满的意思。

④发机：即引发弩机的机组。

译 文

湍急的河水迅速地奔流，以致能够把巨石冲走，这是因为它飞快的流速所形成的"势"使然。鸷鸟高飞猛击，以致能捕杀鸟雀，这就是短促迅捷的"节"使然。因此，善于指挥作战的人，他所造成的态势险峻逼人，他进攻的节奏短促有力，险峻的势就像张满的弓弩，迅疾的节奏犹似击发弩机把箭突然射出。

原 文

乱生于治①，怯生于勇，弱生于强②。治乱，数也③。勇怯，势也。强弱，形也。

注 释

①乱生于治：示敌混乱，是由于有严整的组织。

②弱生于强：示敌弱小，是由于本身拥有强大的兵力。

③治乱，数也：军队的治或乱决定于编制是否有序。数，即前言之"分数"。指军队的组织编制。

译 文

向敌显示混乱，是由于己方组织编制的严整。向敌显示怯懦，是由于己方具备了勇敢的素质。向敌诈示弱小，是由于己方拥有强大的兵力。严整或者混乱，是由组织编制的好坏而定的。勇敢或怯懦，是由作战态势的优劣所造成的。强大或者弱小，是双方实力大小的外在显示。

原 文

故善动敌①者，形之②，敌必从之；予之，敌必取之。以利动之，以卒待之③。

注 释

①动敌：调动敌人。

②形之：指用假象迷惑敌人，使其判断失误。形，动词，即示形，示敌

以形。

③以卒待之：用重兵伺机破敌。

 译文

因此擅长调动敌人的将帅，会伪装假象迷惑敌人，敌人因此会听从调动；用小利引诱敌人，敌人就会前来争夺。用这样的办法积极调唆敌人，再预备重兵伺机攻击它。

原文

故善战者，求之于势，不责于人①，故能择人而任势②。

注释

①求之于势，不责于人：当追求有利的作战态势，而不是苛求下属。责，求、苛求。

②择：选择。任：任用、利用；掌握、驾驭。

译文

善于用兵打仗的人，总是努力创造有利的态势，而不对部属责备求全，所以他能够选择人才去利用和创造有利的态势。

原文

任势者，其战人也，如转木石。木石之性①，安②则静，危③则动，方则止，圆则行。故善战人之势，如转圆石于千仞之山者，势④也。

注 释

①木石之性：木石的特性。性，性质、特性。

②安：安稳，这里指平坦的地势。

③危：险峻、危险，此处指地势高峻陡峭。

④势：是指在"形"（军事实力）的基础上，发挥将帅的主观作用，因而造成有利的作战态势。

译 文

擅长利用态势的人指挥军队作战，就如同滚动木头、石头一般。木头和石头的特性是：置放在平坦之处就静止不动，置放在险峻陡峭之处就滚动，方的容易静止，圆的滚动灵活。因此，擅长指挥作战的人所造成的有利态势，就像将圆石从万丈高山上推滚下来那样，这就是所谓的"势"。

解 读

《势篇》的"势"，是《形篇》的"形"（军事实力）的表现。换言之，"势"就是在军事实力的基础上，由于实行正确的作战指挥，从而在战场上所表现出的实际作战能力。从哲学上看，"形"是运动的物质，而"势"是物质的运动。《形篇》讲的是客观物质力量的积聚，《势篇》讲的是主观能动作用的发挥，这两篇是紧相联系不可分割的姊妹篇。我们从中也可看出，孙武在认识论上，反映了物质是第一性的、意识是第二性的这一朴素的唯物主义思想。

主观能动性在军事上的表现是多方面的，孙武在本篇着重论述的是作战指挥问题。它主要表现为正确地变换战术和灵活地使用兵力。

孙武首先提出了四个范畴：分数、形名、奇正、虚实。这四者的先后顺序，不是随意排列的。他认为，从指挥关系上说，分数（组织编制）是第一位的，能否治理、提挈全军，这是关键。其次才是"形名"。对于"形名"，历来注家各说不一。杜牧的说法还是可取的，他认为"形"指阵形，"名"指旌旗，可以说"形名"就是作战队形的排列之法。孙武所谓"斗众如斗寡，形名是也"，其意正如杜牧所注"战百万之兵，如战一夫"。对付兵力众多之敌如同对付兵力缺少之敌一样，在冷兵器时代方阵的排列组合确实是一个关键问题。唯有阵形严整有序，攻防兼备，机动性强，才能真正把《形篇》所计算的"称胜"（优势兵力）表现在作战过程的始终。再次是"奇正"，即变换战术和使用兵力，这是孙武在本篇所要论述的中心。最后是"虚实"，即避实击虚的作战指导，这是下一篇的篇名和论证中心。孙武的思想逻辑是，要取得作战胜利，首先军队要有严密的组织体系，再要有一个严正整齐、训练有素、善于机动的堂堂之阵，然后要有精通战术的将领指挥作战，最后是正确选定主攻方向，从而把胜利的可能性变为胜利的现实性。孙武指出："战势不过奇正。"无论攻、防、遭、追、退，从作战指挥上说只有"奇"和"正"两种形式。两者的关系是对立统一的关系。他说："凡战者，以正合，以奇胜。"又说"奇正相生，如循环之无端"，既相互区别，又相互联系。孙武的"奇正"命题，受到后世军事学家的高度重视，认为"奇正者，用兵之铃键，制胜之枢机也"（王皙《孙子注》）。

那么，这个变化无穷的"奇正"到底包括些什么内容呢？对于这个问题，历来注家众说纷纭，有必要在这里作一些粗浅的分析。

我们知道，春秋时期还没有战争、战役、战斗的区别。因此，孙武所说的奇正之变既可以指现代意义的战略范畴而言，也可以指现代意义的战术范畴而言。在战略范畴内，例如公开宣战是正，突然袭击是奇；从战略（庙算）上权衡敌强我弱是正，而在战场上改变这种态势就是奇；等等。在战术范畴内，方阵本身的方、圆、曲、直、锐各种队形的变换就是奇正的变化，因为方阵之中就区分为正兵和奇兵。当正兵和奇兵分开配置时就构成一个方阵，而当正兵与奇兵收拢为首尾相接的一个整体时就构成圆阵。《吴子·治兵》对于方阵、圆阵的变化有着详明的记载，可以参看。孙武在本篇中所说的"浑浑沌沌，形圆而不可败也"，指的是圆阵的浑圆的外形，即所谓"卒骑转而形圆者"（曹操注）。有兴趣的读者，可以参看《十一家注孙子》此句的

杜牧注。他对方阵的奇正战术变化作了详细的引证和解说，值得一读。

其次，正与奇的关系又是主要兵力与次要兵力的关系。我们在《谋政》中用曹操注说

明了这一点。例如兵力五倍于敌时，就以三倍于敌的主要兵力为正兵，二倍于敌的次要兵力为奇兵。然而这不是刻板的规定，"奇正相生"，正兵与奇兵的主从关系是可以转化的。杜牧注说："奇亦为正之正，正亦为奇之奇，彼此相用，循环无穷也。"奇能变正，正能变奇，奇正相变，不可穷尽。孙武所说的"凡战者，以正合，以奇胜"，正兵用于当敌，奇兵才能取胜，是就一般情况而言。《李卫公问对》解释说，"正亦胜，奇亦胜"，正兵可以取胜，奇兵也可以取胜。这比孙武所说的以正合、以奇胜，似乎更全面、更辩证，而不致产生疑窦。

于是，这就提出第三个问题，"奇正"除指奇兵、正兵而外还应当有更为广泛的含义。事实正是这样，在作战指挥上，凡是一般指挥原则和方法（常法）是"正"，而临敌制变、慧心独创的指挥原则和方法（变法）是"奇"。例如，"十则围之"是正，"围师必阙"是奇；"绝地无留"是正，"陷之死地而后生"是奇，等等。《李卫公问对》中，唐太宗对于孙武的奇正有着出人意表的理解。他说："以奇为正，使敌视以为正，则吾以奇击之；以正为奇，使敌视以为奇，则吾以正击之。"这样就把奇正的辩证关系和在实践中的灵活运用阐发得更为透辟了。战争是智慧的竞赛，更是力量的竞赛。奇正之变毕竟不是戏法之变，要把军队的战斗力充分发挥出来，真正做到出奇制胜，孙武提出了"势险"和"节短"两个重要原则，这也就是古代兵家所说的"造势"。"势险"说的是军队运动的速度，孙武用"激水之疾（急速），至于漂石"作比喻，强调速度是发挥战斗威力的重要条件。"节短"说的是军队发起冲锋的距离，孙武用"鸷鸟之疾，至于毁折"作比喻，要求军队发起冲锋时应像雄鹰搏击小鸡那样以迅猛的速度在短距离上突然发起攻击。"势险""节短"就是孙武"造势"思想的要义所在。

那么如何才能做到"势险""节短"呢？孙武提出了一个著名的作战原则——"以利动之，以卒待之"，注家们称之为"动敌"。用今天的话说，就是实施机动，调动敌人。成功的机动是"造势"的关键。因为机动的目的就在于造成和利用敌人的过失或弱点，以便取得主动，形成优势地位。无论古今，机动没有"示形"（伪装和欺骗）是不能成功的。春秋时代的战例表明，机动的样式已出现包围、迂回、伏击、截击、侧击等正面的机动或翼侧的机动。例如伏击战术，公元前714年郑国的公子突，面对北戎入侵，采取先用勇士诱敌，预设三层埋伏，终使戎师大败（《左传·隐公九年》）。如轮番疲敌的车轮战术，公元前564年，晋国中军元帅智䓨提出了"三分四军"（《左传·襄公九年》）的御楚战术，即把晋国上、中、下、新四军分为三部分轮番同楚军作战，使楚军得不到休整。五十二年之后，即公元前512年吴国将军伍员更把智䓨的这一战术提高到战略范围使用，使楚军疲于奔命，为吴国对楚国的战略奇袭打下了胜利的基础。秦郑崤之战，吴楚鸠兹之战、皋舟之战、乾溪之战等，都是截击战术，即古人所谓邀击敌人于归路战法的具体运用。攻其无备，则有公元前718年的郑军袭燕、公元前690年楚军灭息、公元前655年晋灭虞、公元前575年郑军胜宋、公元前537年吴楚鹊岸之战、鲁莒蚡泉之战、公元前530年晋军灭肥等不下二十个典型战例。同样，其他如示形制敌、先发制人、持重待机等，都在春秋时代的战史中出现了。孙武对当时的战争经验作出了如下的总结：

"乱生于治，怯生于勇，弱生于强。治乱，数也；勇怯，势也；强弱，形也。故善动敌者，形之，敌必从之；予之，敌必取之。以利动之。以卒待之。"

在这里，孙武首先指出：作战时部队要能伪装混乱以诱敌，战前必须先有严明的法治；作战时部队要能伪装怯懦以诱敌，战前必须先有勇敢的素质；作战时要能伪装弱小以诱敌，战前必须先有强大的兵力。部队实治而敢于示敌以乱，是因为组织有序；部队实勇而敢于示敌以怯，是因为态势有利；部队实强而敢于示敌以弱，是因为兵力强大。具备了这样的前提条件，欺骗敌人，敌人就会听从调动；引诱敌人，敌人必会贪利上当。这样才能用小利调动敌人进入我待机地域，然后用主力在较短的距离上，用最迅猛的速度突然发起攻击，打击敌人。这样的战法能否巧妙地运用，孙武认为既要"择人"——选择优秀的指挥员，又要"任势"——造成有利的战场态势。他用沉重的方木与方石、圆木与圆石来比喻"任势"。方木、方石呆板不动，圆木、圆石灵活滚动。那么作战指挥也是这个道理，机动灵活的指挥就像把沉重的圆石从高山上飞滚而下一样，用力很小而战果辉煌。显然，这又是"全胜"思想在作战指导上的进一步发挥。

从《势篇》中我们可以看到，孙武的思想是多么缜密，论辩是多么严谨，结论又是多么具有普遍意义！

虚实篇

孙子曰：凡先处战地而待敌者佚[①]，后处战地而趋战者劳[②]。故善战者，致人而不致于人[③]。

①凡先处战地而待敌者佚：在作战中，若能率先占据战地，就能使自己处于以逸待劳的主动地位。处，占据。佚，即"逸"，指安逸、从容。

②后处战地而趋战者劳：后处战地，仓促应战则疲劳被动。趋，奔赴，此处为仓促之意，趋战，仓促应战。

③致：招致、引来。致人：牵制敌人。致于人：为敌人所牵制。

孙子说：凡是占据战场，等待敌人的就主动安逸，而后到达战场仓促应战的就疲惫被动。因此善于指挥作战的人，总是能够

调动敌人而不被敌人所牵制。

原文

能使敌人自至者，利之也①；能使敌人不得至者，害之也②。故敌佚能劳之③饱能饥之，安能动之④。

注释

①能使敌人自至者，利之也：能使敌人自来，乃是以利引诱的缘故。利之，以利引诱。

②能使敌人不得至者，害之也：能使敌人不得到达战地，乃是牵制敌人的结果。害，妨害、牵制。

③劳之：使之疲劳。

④安能动之：敌若固守，我就设法牵动它。

译文

能够使敌人自动进到我预定的地域，是因为用小利引诱的缘故；能够使敌人不能抵达其预定领域的，则是设置重重困难阻扰的缘故。敌人休整得好，就设法使它疲劳；敌人粮食充足，就设法使它饥饿；敌人驻扎安稳，就设法使它移动。

原文

故善攻者，敌不知其所守①；善守者，敌不知其所攻。微乎微乎，至于无形②！神乎神乎，至于无声③！故能为敌之司命④。

注释

①故善攻者，敌不知其所守。善守者，敌不知其所攻：此句谓善于进攻的军队，使敌人不知该守何处，善于防守的军队，使敌人不知该进攻何处。

②微乎微乎，至于无形：虚实运用微妙之极，则无形可睹。微，微妙。

③神乎神乎，至于无声：虚实运用神奇之至，则无声息可闻。神，神奇、高妙。

④司命：命运之主宰。

译文

所以擅长进攻的，能使敌人不知道该如何防守；擅长防御的，能使敌人不知道该怎样进攻。微妙啊，微妙到看不出任何形貌！神奇啊，神奇到听不见丝毫声音！因此，这能够成为敌人命运的主宰。

原文

进而不可御者，冲其虚也①；退而不可追者，速而不可及也②。故我欲战，敌虽高垒深沟，不得不与我战者，攻其所必救也③；我不欲战，画地而守之④，敌不得与我战者，乖其所之也⑤。

注释

①进而不可御者，冲其虚也：我军进击而敌无法抵御，是由于

71

攻击点正是敌之虚懈处。御,抵御。冲,攻击、袭击。虚,防备空虚之处。

②退而不可追者,速而不可及也:我军后撤而敌不能追击,是由于我后撤迅速,敌追赶不及。因此,撤退的主动权也操于我手。速,迅速。及,赶上、追上。

③我欲战……攻其所必救也:由于我已把握了战争的主动权,故当我欲与敌进行决战时,敌不得不从命。所以如此是因为我所选择的攻击点,正是敌之要害处。必救,必定救援之处,喻利害攸关之地。

④画地而守之:画地而守,即据地而守,喻防守颇易。

⑤乖其所之也:牵动敌人,将其引往他处。乖,违、相反,此处有改变、调动的意思。之,往、去。

译文

进击而使敌人无法抵御,是由于击中敌军懈怠空虚的地方;撤退而使敌人不来追击,是因为行动迅速而使敌人追赶不及。所以我军求战时,敌人即使高垒深沟也不得不出来与我交锋,这是因为我们攻击了敌人所必救的地方;我军不想作战时,驻扎一个地方防守,敌人也无法同我作战,这是因为诱使敌人改变进攻方向。

原文

故形人而我无形①,则我专而敌分②;我专为一,敌分为十,是以十攻其一也[3]，则我众而敌寡；能以众击寡者，则吾之所与战者，约矣[4]。

注 释

①形人：使敌人现形。形，此处作动词，显露的意思。无形：即不显露形态（隐蔽真形）。

②我专而敌分：我专一（集中）而敌分散。

③是以十攻其一也：指我在局部上对敌拥有以十击一的绝对优势。

④吾之所与战者，约矣：能以众击寡，则我欲进击之敌必定弱小有限。约，少、寡。

译 文

要使敌人暴露而我军隐蔽，这样，我军兵力就可以集中而敌人兵力却不得不分散。我们的兵力集中在一处，敌人的兵力如散在十处，这样，我们就能以十倍于敌的兵力去进攻敌人了，因而造成我多而敌寡的有利态势。如果能做到集中优势兵力攻击劣势的敌人，那么同我军正面交战的敌人也就有限了。

原 文

故备前则后寡，备后则前寡，备左则右寡，备右则左寡，无所不备，则无所不寡[1]。寡者，备人者也[2]；众者，使人备己者也[3]。

①无所不备，则无所不寡：如果处处设防，必然是处处兵寡力弱，陷入被动。

②寡者，备人者也：兵力之所以相对薄弱，在于分兵备敌。

③众者，使人备己者也：兵力之所以占有相对优势，是因为迫使对方分兵备战。

译 文

防备了前面，后面的兵力就薄弱；防备了后面，前面的兵力就薄弱；防备了左边，右边的兵力就薄弱；防备了右边，左边的兵力就薄弱；处处加以防备，就处处兵力薄弱。兵力之所以薄弱，是因为处处分兵防备；兵力之所以充足，是因为迫使对方处处分兵防备。

原 文

故知战之地，知战之日①，则可千里而会战。不知战地，不知战日，则左不能救右，右不能救左，前不能救后，后不能救前，而况速者数十里，近者数里乎②？故曰：胜可为也。敌虽众，可使无斗③。

注 释

①故知战之地，知战之日，则可千里而会战：如能预先了解掌握战场的地形条件与交战时间，则可以赴千里与敌交战。

②不知战地……近者数里乎：若不能预先知道战场的条件与作战之时，则前、后、左、右无暇相顾，不及相救，何况作战行动往往是在绵延数里甚至数十里方圆范围内展开的。

③无斗：无法与我战斗。

译文

因此，如能预知交战的地点和时间，即使跋涉千里也可以去和敌人会战。而若不能预知在什么地方、时间交战，则会导致左翼救不了右翼、右翼救不了左翼、前不能救后、后不能救前的情况，何况想要在远达数十里、近在数里的范围内做到应付自如？所以说，胜利是可以造就的。敌兵虽多，还是可以使它失去战斗力。

原文

故策之而知得失之计①，作之而知动静之理②，形之而知死生之地③，角之而知有余不足之处④。

注释

①策之而知得失之计：我当仔细筹算，以了解判断敌人作战计划之优劣。策，策度、筹算。

②作之而知动静之理：挑动敌人，借以了解其活动的一般规律。作，兴起，此处指

挑动。动静之理，指敌人的活动规律。

③形之而知死生之地：以示形于敌的手段，来了解敌方的优劣环节。形之，示形于敌。死生之地，指敌之优势或薄弱环节、致命环节的所在。地，同下"处"，非实指战地。

④角之而知有余不足之处：要通过对敌作试探性的较量，以掌握敌人的虚实强弱情况。角，量、较量。有余，指实、强之处。不足，指虚、弱之处。

译 文

因此要通过认真的筹算，来分析敌人作战计划的优劣得失；要通过挑逗敌人，来了解敌人的活动规律；要通过佯动示形，来试探敌人生死命脉的所在；要通过小型交锋，来了解敌人兵力的虚实强弱。

原 文

故形兵之极，至于无形①。无形，则深间不能窥，智者不能谋②。因形而措胜于众，众不能知。人皆知我所以胜之形，而莫知吾所以制胜之形。故其战胜不复，而应形于无穷③。

注 释

①故形兵之极，至于无形：示形于敌的最高境界是没有形态，使敌人无法捉摸。形兵，指军队部署过程中的伪装佯动。

②深间不能窥，智者不能谋：佯装达到至高境界，则敌之深间也无从推测底细，聪明的敌人也束手无策。间，间谍。深间，指隐

藏极深的间谍。窥，刺探、窥视。

③应：适应。形：形状、形态，此处指敌情。

因此当伴动示形进入最高的境界，就再也看不出什么迹象和形态了。那么，即使是深藏的间谍也窥察不了底细，老谋深算的敌人也想不出对策。根据敌情而取胜，把胜利摆在众人面前，众人还是看不出来。人们只能知道我用来战胜敌人的办法，却无从知道我是怎样运用这些办法出奇制胜的。因此每一次胜利，都不是简单的重复，而是根据不同的情况变化无穷。

原　文

夫兵形象水①，水之形，避高而趋下；兵之形，避实而击虚②。水因地而制流，兵因敌而制胜③。故兵无常势，水无常形④，能因敌变化而取胜者，谓之神⑤。

注　释

①兵形象水：用兵的法则就如同水的运动规律一样。兵形，用兵打仗的方式，亦可理解为用兵的法则。

②兵之形，避实而击虚：用兵的原则是避开敌人坚实之地，攻击其空虚薄弱的地方。

③水因地而制流，兵因敌而制胜：水之流向受到地形高低不同的制约，作战中的取胜方法则依据敌情不同来决定。制，制约、决定。制胜，制服敌人以取胜。

④兵无常势，水无常形：即用兵打仗无固定刻板的态势，似流水并无一成不变的形态。势，态势。常势，固定永恒的态势。常形，一成不变的形态。

⑤能因敌变化而取胜者，谓之神：若能依据敌情变化而灵活处置以取胜，则可视之为用兵如神。

译　文

用兵的法则就像流水的属性，是避开高处而流向低处；行军打仗的原则是避开敌人坚实之处而攻击其弱点。水因地形的高低而制约其流向，作战则根据不同的敌情而制定取胜的策略。因此，用兵作战没有固定刻板的态势，正如水的流动不会有一成不变的形态一样，倘若能够根据敌情变化而灵活机动取胜，就可以叫做用兵如神。

解　读

《虚实》是一篇妙语连珠的佳作，主要论述作战指挥中争取主动权的原则和方法。所谓原则，即指避实击虚、攻其必救；所谓方法，即指利用"示形"，隐蔽兵力的集中和主要进攻（防御）方向。

孙武提出"善战者，致人而不致于人"，这句话是本篇的脊梁。这一名言历来受到兵学家的重视。《李卫公问对》说，古代兵法千章万句，最重要的无过于"致人而不致于人"。两千多年前的孙武，能看到主动权在战争中的重要性，并提出若干宝贵的争取和造成主动、避免和摆脱被动的原则和方法，无疑是十分可贵的。

主动地位的取得不能靠空想，而要通过主观能动性的发挥去努力争取。孙武首先指出，在未战之前，要"先处战地而待敌"，先敌完成作战部署，"以逸待劳"。他所谓的"逸"，就是先敌准备、先敌休整、先敌部署，这样便能居于有利地位，从容作战。

然而，这种"先处战地"与"后处战地"乃是一种近乎阵地争夺战性质的作战形式，按现代的概念，它乃是属于战术性质的范围；而且这一类型的主动权的争取，在当时的战争条件下并无普遍意义，所以，孙武并不以此为论证的重点。他不过是以此作为最能说明问题的论据，借以提出在战争中争取主动权的重要性问题。

我们知道，《孙子兵法》虽论述了战略防御，但全书的主旨还是贯穿着对别的诸侯国进行战略进攻的目的。我们在《军形篇》中说过，孙武及古代的许多兵学家都认为防御是优于进攻的作战形式。他们把进攻者称为"客"，实际上也认为是被动的、不利的一方；把防御者称为"主人"，实际上也认为是主动的、有利的一方。于是，他们提出了一个方法，叫做"反客为主"之术。孙武在本篇中所论述的主动权，正是在实行进攻战略的前提下如何"反客为主"、如何争取战场主动权的问题。

"主人"一方，亦即防御一方为什么就居于主动态势呢？孙武看到，防御者有预设阵地（所谓高垒深沟）可

以依托，因而养精蓄锐，既"逸"且"安"；后勤供应方便，给养充分。这些有利条件，进攻者（"客"方）当然是不具备的。那么，如何才能转变这种主客地位呢？

孙武认为，对于防御之敌可以使它由安逸变疲劳，由饱食变饥饿，由安处变奔命，打法就是，"出其所不趋，趋其所不意"——进攻方向指向敌人无法往救之处。

本篇中"出其所不趋""攻其所不守""冲其虚""攻其所必救""避实而击虚"等语，都是攻虚击弱的意思。这一条进攻作战的指导原则是我国古代军事学上的一颗明珠。《管子》对此有精彩的说明："攻坚则瑕者益坚，乘瑕则坚者益瑕。"就是说，如果把攻击目标选在敌人的坚实之处，去啃硬骨头，那么不仅坚实之敌打不掉，反而使敌薄弱之处也变得坚实有力了；反之，则不然。《吴子·料敌》也主张"用兵必须审敌虚实而趋其危"，并且具体列举了十三条"可击"，即十三种攻虚击瑕的战机。《孙膑兵法》更把"必攻不守"——进攻敌人既是要害而又防御薄弱的地方——看作是作战指导上的第一要着。总之，古往今来的兵学家无不推崇这一原则。

孙武这一作战原则，不是凭空提出的，它也有着明显的历史继承性。例如：繻葛之战中，周桓王所率左中右三军按传统阵法，以中军为主力，左右两军担任助攻，排列成"人"字形的雁行阵。郑国的子元向郑庄公提出了著名的新阵法——鱼丽阵，即把主力配置在两翼——左拒和右拒，而让中军靠后，形成一种倒品字形的阵式。这样，当左拒、右拒打败周王薄弱的右军、左军之后，中军就乘势发起进攻，形成对周王主力三面包围的有利态势。三十七年之后（即公元前575年）的晋楚鄢陵（今河南鄢陵）之战，苗贲皇向晋厉公提出的建议，也是郑庄公繻葛之战中的打法。因为当时楚军的精锐（所谓王卒）在中军，晋军先打楚军两翼的弱敌，再乘胜集中兵力攻击王卒，因而取胜。这些战争实践，是避实击虚的作战思想产生的源泉和依据。

集中兵力，避实击虚，没有巧妙的伪装和欺骗是不可能实现的。为了隐蔽自己兵力的集中和主要进攻方向，孙武把伪装与欺骗看成是争取作战主动权不可分割的一部分。

伪装和欺骗，孙武称之为"示形"。当时的"示形"主要是利用天然遮障，设置假目标和实施佯动或牵制性的进攻之类来迷惑敌人，隐蔽自己的战斗配置、兵力数量和作战行动。公元前632年晋楚城濮之战，是成功地运用"示形"取胜的战例。晋军的下军副将胥臣把驾车的马蒙上虎皮，出敌意外，打败了楚右军陈、蔡弱军；晋上军主将狐毛竖起大旗冒充中军主力，隐蔽了中军；下军主将栾枝把大量树枝拖在战车后面，扬起满天尘土，伪装溃败。这一系列"示形"，终于使楚军中军主将子玉、左军主将子西作出了错误的判断，贸然进攻，左军遭到晋军夹击，大部被歼。又如，公元前555年的齐晋平阴（今山东平阴东北）之战，晋军采取在山上遍插旌旗、在车后用树枝扬起尘土等办法显示兵力众多，威慑齐灵公。结果，齐灵公果然误认晋、鲁联军兵力强大，不敢迎战，连夜逃走（《左传·襄公十八年》）。春秋中后期，随着战争的发展，"示形"之法也随之变化，这就要求将帅要善于根据不同的情况创造性地组织实施伪装和欺骗。

孙武在吸取前人经验的基础上提出了"形人而我无形，则我专而敌分"的原则。只要能成功地运用这一原则，那么无论是进攻或防御，敌人对我的情况漆黑一团，如盲如瞽；我对敌人的情况则洞若观火，了如指掌。那么在战斗中，我众敌寡，我十敌一，我实敌虚，于是在进攻作战时，就可迫使敌人变主为客，变主动为被动；我则反客为主，变被动为主动。所以孙武说："吾所与战之地不可知，不可知，则敌所备者多。"尽管敌人居于防御的"主人"地位，但由于不知我主攻方向，不知我进攻目标（"与战之地"），因而分兵把守，处处设防，"无所不备，则无所不寡"，于是主客易位，丧失主动权，以致最后失败。

利用"示形"不让防守之敌察明我方的主攻方向、攻击目标、兵力多寡等，只要严守秘密，善于隐蔽是不难实现的。那么，实行进攻作战的我方，又如何察明敌人的防御计划、防御部署、地形条件呢？这是一个问题的两个方面。孙武不仅全面地考虑到了，而且提出了高明的侦察方法。他说："故策之而知得失之计，作之而知动静之理，形之而知死生之地，角之而知有余不足之处。"即通过战术计算以了解敌人作战计划的优劣，通过挑动敌人以分析敌人的活动规律，通过示形佯动以掌握敌人地形道路的情况，通过战斗侦察以察明敌人兵力部署的强弱。当敌我情况都掌握以后，就为定下作战决心提供了客观根据，从而保障在战斗中牢牢地掌握主动权，最后赢得胜利。

军争篇

原 文

军争之难者，以迂为直[①]，以患为利。故迂其途[②]而诱之以利，后人发，先人至[③]，此知迂直之计者也[④]。

注 释

①以迂为直，以患为利：将迂回的道路变成直达的道路，把不利的（害处）变为有利的。迂，曲折、迂回。直，近便的直路。

②故迂其途而诱之以利：前句就我军而言，此句就敌军而言。军争时既要使自己"以迂为直，以患为利"，也要善于使敌方以直为迂，以利为患。而要达到此一目的，在于以利引诱敌人，使其行迂趋患，陷入困境。"其"、"之"均指敌人。迂，此处当作动词。

③后人发，先人至：比敌人后出动，却先抵达将要争夺的要地。

④知：掌握。计：方法、手段。

译 文

争求制胜条件最困难的地方，在于要把迂回的弯路变为直路，要把不利的条件转化为有利的。所以，要让敌人的近直之利变为迂远之患，并用小利引诱敌人，这样就能比敌人后出动而先抵达必争的战略要地，这就是掌握了以迂为直的方法。

原　文

故军争为利，军争为危。举军而争利则不及①，委军而争利②则辎重捐。

注　释

①举军而争利则不及：率领装备辎重的军队前去争取先机则不能按时到达。举，全、皆。不及，不能按时到达预定地点。

②委军而争利则辎重捐：如果扔掉一部分军队去争利，则装载之军用物资将会受到损失。委，丢弃、舍弃。辎重，军用物资的装载，包括军用器械、营具、粮秣、服装等。捐，弃、损失。

译　文

军争不但有不顺利的一面，同时也有危险的一面。假如全军携带满载的军用物资去争利，就无法按时抵达预定地域；倘若丢下部分军队前去争利，则装载的军用物资将会受到损失。

原　文

是故军无辎重则亡①，无粮食则亡，无委积则亡②。

注　释

①军无辎重则亡：军队没有随行的兵器、器械则不能生存。

②无委积则亡：军队没有物资储备作补充，亦不能生存。委

积，指物资储备。

 译文

须知军队没有辎重就会失败，没有粮食就不能生存，没有物资储备就难以为继。

原文

故兵以诈立[1]，以利动[2]，以分合为变者也。

注释

①立：成立，此处指成功。

②利：好处、利益。

译文

因此用兵作战必须依靠多变的计谋以争取成功，根据是否有利来决定自己的行动，而按照分散或集中兵力的方式来变换战术。

原文

故其疾如风，其徐如林，侵掠如火，不动如山，难知如阴[1]，动如雷震。掠乡分众[2]，廓地分利[3]，悬权[4]而动。先知迂直之计者胜，此军争之法也。

注释

①难知如阴：荫蔽

难测。

②掠乡分众：分兵掠夺城邑。

③廓地分利：开拓疆土，分守利害。

④悬权：秤锤悬秤杆上，在此指衡量。

译　文

因此，军队行动迅速时就像疾风骤起，行动舒缓时就像林木森然不乱，攻击敌人时像烈火，实施防御时像山岳，隐蔽时如同浓云蔽日，冲锋时如迅雷不及掩耳。要分兵掳掠敌方的乡邑，要分兵扼守要地，以扩展自己的领土，并权衡利害关系，然后伺机而动。懂得以迂为直方法的将帅就能取得胜利，这是争夺制胜的原则。

原　文

故三军可夺气①，将军可夺心②。

注　释

①夺气：挫败锐气。

②将军可夺心：动摇敌将之心。

译　文

对于敌人的军队，可以使其士气低落；对于敌军的将帅，可以使其决心动摇。

原　文

是故朝气锐，昼气惰，暮气归，故善用兵者，避其锐气，击其惰归①，此治气者也②。

注释

①避其锐气，击其惰归：避开士气旺盛之敌，打击疲劳沮丧、士气衰竭之敌。

②此治气者也：这是掌握运用士气变化的通常规律。治，此处作掌握解。

译文

因为早晨士气最浓，白天士气稍懈，晚上士气消落，因此善于用兵的人，总是先避开敌人初来时的锐气，而等到敌人士气懈怠衰竭时再去攻击它，这是掌握运用军队士气的方法。

原文

以治待乱①，以静待哗②，此治心者也③。以近待远，以逸待劳，以饱待饥，此治力者也④。无邀正正之旗，无击堂堂之陈，此治变者也⑤。

注释

①以治待乱：以严整有序的军队对付混乱不整之敌。

②以静待哗：以自己的沉着冷静对付敌人的轻躁喧哗。

③此治心者也：这是掌握利用将帅心理的一般方法。

④此治力者也：这是掌握利用军队战斗力的基本方法。

⑤此治变者也：这是掌握机动应变的一般方法。

译 文

用自己的严整来对付敌人的混乱，用自己的镇静来对付敌人的轻躁，这是掌握将帅心理的手段。用自己部队接近的战场来对付远道而来的敌人，用自己供应充足的部队来对付饥饿不堪的敌人，这是掌握军队战斗力的秘诀。不要去打击旗帜整齐的敌人，不要去进攻阵容雄壮的敌人，这是掌握灵活机变的原则。

原 文

故用兵之法，高陵勿向①，背丘勿逆②，佯北勿从③，锐卒勿攻④，饵兵勿食⑤，归师勿遏⑥，围师必阙⑦，穷寇勿迫⑧，此用兵之法也。

注 释

①高陵勿向：对已占领高地的敌人，不要去进攻。高陵，高山地带。向，仰攻。

②背丘勿逆：敌人如果背倚丘陵险阻，我军不要去正面进攻。背，倚仗之意。

③佯北勿从：敌人如果是假装败退，我军不要去追击。佯，假装。从，跟随。

④锐卒勿攻：如果敌军的士气旺盛，我军不要去进攻。

⑤饵兵勿食：敌人若以小利作饵引诱我军，则不要去理睬它。

⑥归师勿遏：对于正在向本国归返的敌师，不要去正面阻击它。遏，阻击。

⑦围师必阙：在包围敌军作战时，当留有缺口以避免使敌人作困兽之斗。阙，同"缺"。

⑧穷寇勿迫：对陷入绝境的敌人，不要加以逼迫，以免其抵死挣扎。

译 文

所以用兵的法则是：假如敌人占领山地就不要去仰攻，若敌人背靠高地也不要正面去攻击，敌人假装败退时不要跟踪追击，同时也不要去攻击士气旺盛的敌军，不要去理睬敌人的诱兵，对正在退回本国途中的敌军不要正面遭遇，包围敌人时要留出缺口，而对陷入绝境的敌人不要过分逼迫，这些都是用兵的法则。

解 读

《军争》主要论述争取先机之利及特殊情况下的作战原则。通篇以"兵以诈立，以利动，以分合为变"为指导，论述军队在开进和接敌运动中抓住战机的问题。

战场是人们高度发挥能动性的场所，情况千变万化，战机稍纵即逝，临敌应变全靠指挥员审时度势，因势利导。所谓战机，孙武在本篇谈到了两方面的内容：

第一，军队开进时，如能变迁回远路为直达，变患害为有利，就可以先敌占领有利地形。

对当时军队强行军的特点，孙武作了具体的描述：如果全军携带全部军需物资去同敌人争夺先机之利，就不能先敌占领有利地域；如果舍弃全部军需物资去同敌人争夺先机之利，那么后果就更坏。根据孙武的估算，如果强行军一百里，不仅三军将领会被俘，而且部队因疲乏劳顿，行列杂乱，不成阵形，只有十分之一的部队能按时到达指定位置；如果强行军五十里去同敌人争利，前军就会受挫，只有一半的部队能到达；如果强行军三十里去争利，只有三分之二的部队能到达。不仅如此，由于全部军需物资的损失，势必造成部队不能坚持作战，甚至不能生存。张预注说："无辎重则器用不供，无粮食则军饷不足，无委积则财货不充，皆覆亡之道。"

"举军争利"与"委军争利"都是危道，"百里争利""五十里争利""三十里争利"都非善策，那么，是不是不要去同敌人争先机之利呢？孙武显然不是这样的用意。他认为："军争为利，军争为危。"既有有利的一面，也有不利的一面，关键是要善于变害为利。对于变害为利之法，他认为可以采取用迂回远路示形于敌，用区区小利引诱滞敌，这样就可以从容开进，达到"后人发、先人至"的目的。对于诸如此类的战法加以概括提炼，他于是提出了"兵以诈立，以利动，以分合为变"的争夺战机的指导原则。有利可夺时，行军速度"其疾如风"；无利可夺时，行军速度"其徐如林"。进攻时，"侵掠如火"；防御时，"不动如山"。荫蔽时如阴云蔽日；冲锋时如雷动风举。

第二，军队接敌运动时要密切协同，利用"四治战法"抓住战机，夺取胜利。

军队在接敌过程中，重要的是方阵队形变换的指挥问题。兵力的集中与分散，所谓"以分合为变"，其指挥信号就是视觉器材的旌旗与音响器材的金鼓。孙武在这里提到了夜战，夜战正是春秋末年出现的作战样式。例如公元前525年的吴楚长岸（今安徽当涂博望山）之战，吴军夜袭楚军获胜（《左传·昭公十七年》）。又如公元前478年的吴越笠泽（今江苏吴江县北）之战，越军乘夜重创吴军。当时夜战的指挥方式已不可详考，但竹书《孙子兵法》作"夜战多鼓金"应较传世本作"夜战多火鼓"合理。因为用火光指挥，暴露目标，达不到利用夜暗荫蔽自己的目的。

孙武还看到精神因素的好坏、体力状况的强弱和作战部署的优劣在战机问题上占着举足轻重的地位。为此，他提出了"四治战法"：治气、治心、治力、治变。"治力""治变"文义明显，可参看译文，略而不赘。这里仅把"治气""治心"稍加浅析。

"治气"与"治心"，都是讲的精神因素，但是又有区别。"治气"是指广大士兵而言，"治心"乃是对将帅的要求，所以他说："故三军可夺气，将军可夺心。"夺敌人三军之气，方法是"避其锐气，击其惰归"；夺敌人将军之心，方法是"以治待乱，以静待哗"。

两千多年前的孙武能够把精神因素的"士气"看作是军队战斗力的重要组成部分，是值得高度评价的。在这一点上，孙武同样继承并发展了前人的思想。《左传·宣公十二年》引古代兵书《军志》说："先人有夺人之心。"在战史上，著名的齐鲁长勺之战中，鲁国武士曹刿曾明确提出"一鼓作气，再而衰，三而竭"的作战原则。孙武的贡献就在于他对"士气"作了进一步的具体分析，并提出了掌握和运用士气达到克敌制胜的方法。自然，我们不能不指出，孙武毕竟不可能揭示军队士气的本质，看不到军队士气与战争的政治目的、社会经济政治制度以及诸侯国战前政策的联系，这是他所处的时代和阶级地位的局限所决定的。

在战机问题上，孙武提出了"用兵八戒"，即"高陵勿向，背丘勿逆，佯北勿从，锐卒勿攻，饵兵勿食，归师勿遏，围师必阙，穷寇勿迫"，而且两次提到这是"用兵之法"，不可违背。本来这八条在孙武所处的时代确实是真理，今天我们研究时，就要历史地看待它，切不可用现代的战争条件去衡量它，否则，我们便失去了正确评价的尺度。比如"高陵勿向"，不可仰攻占领高坡阵地之敌；"背丘勿逆"，不可在斜坡上迎击从上俯冲之敌；"归师勿遏"，不可正面阻遏（可以尾追与侧击）未受损失而自动撤归之敌；"围师必阙"，围三阙一，虚留生路，这在当时的技术装备条件下是无可非议的正确原则。至于"穷寇勿迫"，孙武更有其特定含义。按他的定义，"粟马肉食，军无悬瓿，不返其舍者，穷寇也"（《行军》），即敌军用军粮喂马，甚至杀食牲口，收拾炊具，不准备再回营寨，决心死战的才是穷寇。他亲自参加指挥的吴楚柏举之战，夫概王就针对楚军困兽犹斗的情况说到"穷寇勿迫"。可见，"穷寇"不是指的夺路狂逃的败军，"勿迫"不是指不要"追击"，而是说不要威迫太甚，才能瓦解敌人作困兽斗的意志，伺机歼灭之。

九变篇

孙子曰：凡用兵之法，将受命于君，合军聚众。圮地无舍^①，衢地交合^②，绝地无留^③，围地则谋^④，死地^⑤则战；涂有所不由^⑥，军有所不击^⑦，城有所不攻^⑧，地有所不争^⑨，君命有所不受^⑩。

注 释

①圮地：指难于通行之地。舍：止也，此处指宿营驻扎。

②衢：四通八达，衢地即四通八达之地。交合：指结交邻国以为援。

③绝地无留：遭逢绝地，不要停留。绝地，难以生存之地。

④围地则谋：在易被围困之地要设奇计摆脱困难。围地，指进退困难易被包围之地。谋，即设定奇妙之计谋。

⑤死地：进则无路，退亦不能，指非经死战则难以生存之地。

⑥涂有所不由：有的道路不要过。由，从、通过。

⑦军有所不击：有的军队不宜攻击。

⑧城有所不攻：有的城邑不应攻打。

⑨地有所不争：有些地方可以不去争夺。

⑩君命有所不受：有时君主的命令也可以不接受。

译文

孙子说，大凡用兵的法则是：将帅接受国君的命令，征集民众、组织军队，出征时在沼泽延绵的"圮地"上不可驻扎，在多国交界的"衢地"上应结交邻国，在"绝地"上不要停留，退上"围地"时要巧设奇谋，陷入"死地"后要殊死战斗；有的道路不要通行，有的敌军不要攻打，有的城池不要攻取，有的地方不要争夺，国君的命令有时也可不遵行。

原文

故将通于九变之利者，知用兵矣①。将不通九变之利者，虽知地形，不能得地之利矣②。治兵不知九变之术③，虽知五利④，不能得人之用矣⑤。

注释

①故将通于九变之利者，知用兵矣：将帅如果能通晓九变之利，就懂得如何用兵作战了。通，通晓、精通。

②将不通九变之利者，虽知地形，不能得地之利矣：将帅如果不通晓九变的利弊，即使了解地形，也不能从中获得帮助。

③九变之术：九变的具体手段和方法。

④五利：指"途有所不由"至"君命有所不受"等五事之利。

⑤不得人之用矣：指不能够充分发挥军队的战斗力。

将帅如果能精通各种机变的利弊，就是懂得用兵了。将帅如果不能精通各种机变的利弊，那么即使了解地形，也不能够得到充分利用地理的优势，以达到战胜敌人的目的。指挥军队如果不知道"九变"的方法，那么虽然知道"五利"，也不能充分发挥军队的战斗力。

原 文

是故智者之虑①，必杂于利害②。杂于利而务可信也，杂于害而患可解也。

注 释

①智者之虑：聪明的将帅思考问题。虑，思考。

②必杂于利害：必然充分考虑和兼顾到利弊两方面的因素。

因此，明智的将帅考虑问题，必须兼顾利与害两个方面。在有利的情况下考虑到不利的方面，大事便可以顺利进行；在困难的情况下考虑到有利的方面，那么祸患就可以消除了。

原 文

是故屈诸侯者以害，役诸侯者以业，趋诸侯者以利①。

注　释

①趋诸侯者以利：用利引诱调动敌人，使之奔走无暇。趋，奔赴、奔走，此处作动词用。

译　文

所以，要用诸侯害怕的事情使其屈服，要用危险的事情去役使诸侯，要用小利去使诸侯归附。

原　文

故用兵之法，无恃其不来，恃吾有以待也①；无恃其不攻，恃吾有所不可攻也②。

注　释

①无恃其不来，恃吾有以待也：不要寄望于敌人不来，而要依靠自己作好充分的准备。

②无恃其不攻，恃吾有所不可攻也：不要寄望于敌人不来进攻，而依靠自己具备强大实力，使得敌人不敢来进攻。

译　文

因此，用兵的法则是：不要寄希望于敌人不会来，而要依赖自己有充分的准备，严阵以待；不要寄望于敌人不会进攻，而要依靠自己有充足的力量，使敌人无法进攻。

故将有五危：必死，可杀也①；必生，可虏也②；忿速，可侮也③；廉洁，可辱也④；爱民，可烦也⑤。凡此五者，将之过也，用兵之灾也。覆军杀将⑥，必以五危⑦，不可不察也。

注释

①必死，可杀也：坚持死拼，则有被杀的危险。必，坚持、固执之意。

②必生，可虏也：将帅若一味贪生，则不免沦为战俘。

③忿速，可侮也：将帅急躁易怒，就有容易中敌人轻侮之计的危险。忿，愤怒、忿懑。速，快捷、迅速，这里指急躁、偏激。

④廉洁，可辱也：将帅如果过于洁身清廉，自矜名节，就有受辱的危险。

⑤爱民，可烦也：将帅如果溺于爱民，不知从全局把握问题，就易为敌所乘，有被烦扰的危险。

⑥覆军杀将：使军队覆灭，将帅被杀。覆，覆灭、倾覆。

⑦必以五危："覆军杀将"都是由此五危所引起的，故不可不充分注意。必，一定、肯定。以，由、因的意思。五危，指上述"必死""必生"等五事。

译文

因此，当将帅的有五种致命的毛病：只知死拼蛮干，就可能被敌人诱杀；只顾贪生活命，就可能被敌人俘虏；急躁易怒，就可能中敌人的凌辱之计；廉洁好名，就可能中敌人侮辱的圈套；只顾"爱民"，就可能导致烦扰而不得安宁。以上五点，是将帅最容易出现的过错，也是用兵的祸害。军队覆没，将领被杀，大部分是由于这五种过失造成的，这是不得不慎重考虑的。

［解　读］

《九变》指的是九种战场情况（主要是指地形）的机断处置。所谓"变"，张预认为："不拘常法，临事适变，从宜而行之之谓也。"

"九变"之"九"是实指还是虚指，历来注家有不同意见。张预认为是虚指：自"圮地无舍"至"死地则战"五种地形就是九变的内容。为什么"九变"只说"五变"，原因是"举其大略也"。贾林、王皙认为是实指：自"圮地无舍"至"地有所不争"九条就是"九变"的内容。而"君命有所不受"是针对以上九条所作的结语，"虽君命使之舍、留、攻，争，亦不受也"，所以这一条"不在常变"之列中。

用汉墓竹书对照，看来贾林、王皙的看法是对的。竹书佚文说："君令有所不行者，君令有反此四变者，则弗行也。"这里虽然说君令不行是以"反此四变"为前提，也就是以"途有所不由，军有所不击，城有所不攻，地有所不争"为前提，不是说的"反此九变"为前提，但是它却告诉我们，"君命有所不受"不是如同前列九条独立作为"变法"提出的，而是以前列诸条为前提所作的结语。

"君命有所不受"这一重要思想不是凭空提出来的。《左传·闵公二年》有这样的记载：晋侯派太子申生进攻皋落氏时，里克对太子说："夫帅师，专行谋，誓军旅，君与国政之所图也……师在制命而已。禀命则不威，专命则不孝。"意思是说：领兵打仗，对作战方案作出决断，对军队发号施令，是国君与正卿的职责范围。作为将帅，率领军队就在于机断处置，发号施令。而太子率军在外，如果遇事也请示国君就失去了威严，不请示就发号施令就是不孝。因此，里克认为太子率军是不适当的。

里克说这段话是公元前660年，但它曲折地说明，早在春秋初年专职的将帅还没有出现的时候，正卿统兵作战时，也有机断处置的权力，不是一切都要请示的。一百多年后的孙武时代，战争发展了，孙武明确提出"君命有所不受"的主张，是符合当时历史要求的，这是"因为在这样庞大的人数之下，战略家与战术家（战场上的指挥官）不能集于一身，所以在这里就有分工了。"（《马克思恩格斯列宁斯大林军事文选》第24页）将相的分职，将帅机断处置的权利，都是战争发展所造成的必然结果。

由于军队越境千里，在异域（别的诸侯国）作战，地形复杂，情况多变，通讯联络不便，因此孙武才提出"九变"，为将争"权"。

这一思想与他在《谋攻》中批评国君为患于军的三种情况，精神是一致的，都是为将帅争取社会地位，争取发挥才智而提出的原则。

将帅"君命有所不受"，既可以对以上九条机断处置，主要是"得地之利"——取得地形条件对战争的辅助之功；又可以给将帅提供施展韬略的机会，"得人之用"。"得地之利"与"得人之用"，孙武在这里把人与物、主观与客观的关系辩证地统一了起来。

战争情况是复杂的，"九变"既是实指，当然又不可能包括作战中所应临机决断的一切变通之法。正是有鉴于此，所以他紧接着对于正确处理战争中的利害得失作了高度的概括，提出了一个带普遍性的指导原则："是故智者之虑，必杂于利害。杂于利而务可信也，杂于害而患可解也，"主张在利思害，在害思利，趋利避害，胜利地指导战争。

因此，对于敌人，要尽量造成和扩大其困难，使其变利为害，变小害为大害，办法是："屈诸侯者以害，役诸侯者以业，趋诸侯者以利。"对于自己，则要防患于未然，有备无患，所谓"无恃其不来，恃吾有以待也；无恃其不攻，恃吾有所不可攻也"。特别是对于将帅，孙武警告说"将有五危"：必死、必生、忿速、廉洁、爱民。"必死"就是有勇无谋，容易中计；"必生"就是贪生怕死，容易丧失战机；"忿速"就是刚怒偏急，容易一触即跳；"廉洁"就是高傲自恃，容易受辱妄动；"爱民"则是指对于百姓无微不救，无远不援，就可能疲于奔命而烦劳。孙武认为这五条是将帅性格上的缺陷，同时也是不懂得变通、一味固执的表现，因而是造成"覆军杀将"的原因，必须高度警惕，"不可不察也"。

行军篇

绝水必远水①。客②绝水而来，勿迎之于水内，令半济而击之③，利。

①绝水必远水：横渡江河，一定要远离江河之处驻扎。

②客：指敌军，下同。

③勿迎之于水内，令半济而击之：不要在敌军刚到水边时迎击，而要在敌军渡河渡到一半时再发动攻击，因为此时敌军首尾不接，行伍混乱，攻之容易取胜。迎，迎击。济，渡。半济，渡过一半。

横渡江河，必须在远离水流之处驻扎。敌人渡河来战，不要在江河中迎击，要等它渡过一半时再出击，这样较为有利。

凡军好高而恶下①，贵阳而贱阴②，养生处实③，军无百疾，是谓必胜。丘陵堤防，必处其阳而右背之④，此兵之利，地之助⑤也。

①好高而恶下：喜欢高处而讨厌低处。

②贵阳而贱阴：看重向阳之处而轻视阴湿地带。贵，重视。贱，轻视。

③养生而处实：军队要选择水草和粮食充足、物资供给方便的地域驻扎。养生，指水草丰盛、粮食充足，能使人马得以休养生息。

④必处其阳而右背之：置军向阳之地并使其主要侧翼背靠高地。

⑤地之助：得自地形的辅助。

译　文

大凡驻军总是喜好高地，厌恶低洼之地；看重向阳的地方，轻视阴湿的地方；靠近水草，军需充实，将士百病不生，这是军队必胜的条件。在丘陵堤防行军，必须占领它向阳的一面，而主要侧翼要背靠它，这对军队有利，算是得到了地形的辅助。

原　文

凡地有绝涧①、天井②、天牢③、天罗④、天陷⑤、天隙⑥，必亟去之，勿近也。吾远之，敌近之；吾迎之，敌背之⑦。军旁有险阻⑧、潢井⑨、葭苇⑩、山林翳荟者，必谨覆索之⑪，此伏奸之所处也⑫。

注释

①绝涧：两岸峻峭、水流其间的险恶地形。

②天井：四周高峻、中间低洼的地形。

③天牢：山险环绕、易进难出的地形。牢，牢狱。

④天罗：荆棘丛生，使军队进入后如陷罗网而无法摆脱的地形。罗，罗网。

⑤天陷：地势低洼、泥泞易陷的地带。陷，陷阱。

⑥天隙：两山之间狭窄难行的谷地。隙，狭隙。

⑦吾远之，敌近之；吾迎之，敌背之：对于上述"绝涧"等"六害"地形，我们要远离它，正对它，而让敌军接近它，背靠它。

⑧险阻：险山大川阻绝之地。

⑨潢：积水池。井：指出水之穴地。

⑩葭苇：芦草，此处泛指水草丛聚之地。

⑪必谨覆索之：一定要仔细、反覆地进行搜索。谨，谨慎。覆，反覆。索，搜索、寻找。

⑫此伏奸之所处也：指"险阻""潢井"等处往往是敌人伏兵或奸细的藏身之处。

译文

大凡遇到"绝涧""天井""天牢""天罗""天陷""天隙"等

地形，务必迅速避开它、远离它，千万不要靠近。我方要远离它，而让敌方靠近；我们要正对它，而让敌方背靠它。而行军路上遇到险山大川、洼陷、水草丛聚之地，一定要仔细、反覆地进行搜索，因为这里往往是敌人伏兵或奸细的藏身之处。

原文

辞卑而益备者，进也①；辞强而进驱者，退也②；轻车先出居其侧者，陈也③；无约而请和者，谋也④；奔走而陈兵车者，期也⑤；半进半退者，诱也⑥。

注释

①辞卑而益备者，进也：敌人措辞谦卑恭顺，同时又加强战略，这表明敌人准备进犯。卑，卑谦、恭敬。益，增加、更加之意。

②辞强而进驱者，退也：敌人措辞强硬，在行动上又示以进攻的姿态，这是表示其准备后撤。

③轻车先出居其侧者：战车先出而摆在侧翼，是在布列阵势。陈，同"阵"，即布阵。

④无约而请和者，谋也：敌人还没有陷入困境，却主动前来请和，其中必有

阴谋。

⑤奔走而陈兵车者，期也：敌人急速奔走、摆开兵车阵势，这是想与我进行作战。

⑥半进半退者，诱也：似退非退，是为了引诱我进入圈套。

译文

敌人措辞谦卑恭顺，同时又加强战备，这表明敌人准备进犯；敌人措辞强硬，在行动上又表示出进攻的姿态，这是其准备后撤；战车先出而摆在侧翼，是在布列阵势；敌人还没有陷入困境，却主动前来请和，其中必有阴谋；敌人急速奔走、摆开兵车阵势，是想与我作战；敌人似进不进，似退不退，是为了引诱我进入圈套。

原文

兵非益多①也，惟无武进②，足以并力、料敌③、取人而已。无惟无虑而易敌④者，必擒于人。

注释

①兵非益多：兵不以多为有利。

②惟无武进：不能恃武轻进。

③并力、料敌：集中兵力，察明敌情。

④无虑而易敌：无谋而轻敌。

译文

作战不在于兵愈多愈好，只要不盲目贸进，能够集中兵力、判断敌情、取胜于地就足够了。那种既无深谋远虑而又轻敌的，必定会被敌人所俘虏。

原文

卒已亲附①而罚不行②，则不可用。故令之以文，齐之以武③，是谓必取。

注释

①亲附：施恩德使士兵亲近归服。

②而罚不行：有刑罚而不严格执行。

③文：仁恩；武：威刑。

译文

士卒已经亲近依附，倘若仍不执行军纪军法，也是不能用他们来打仗的。因此，要用政治道义教育他们齐心协力，用军纪军法来统一他们的行动，这样的军队才是必胜的军队。

原文

令素行①以教其民，则民服；令不素行以教其民，则民不服。令素行者，与众相得也②。

注释

①令素行：一贯严行法纪。

②得：这里指相处很和谐。

平时认真执行法令、教育士卒，士卒就会服从；向来不注重执行法令、教育士卒，士卒就不会服从。平时法令能够认真执行的，这表明将帅与士卒之间关系相处得很好。

《行军》的主旨，孙武开门见山就指出，是"处军"和"相敌"。

"处军"，一是论述特种地形条件下部队的行军（开进行军和接敌行军）和战斗方法，二是论述部队宿营的原则和方法。

孙武主要谈到了四种地形情况：

一是关于山地行军、宿营和战斗。他说"绝山依谷"，通过山地必须沿着山谷行进。这是因为山谷地形比较平坦，水草便利，荫蔽条件好。这里说的是行军应注意的事项。而在宿营时则要"视生处高"。李筌注："向阳曰生，在山曰高。"通俗地说，就是地形有利，例如视界开阔，易守难攻，干燥向阳，既险且要等。至于山地战的法则就是"战隆无登"。贾林注："战宜乘下，不可迎高也。"山地作战，只宜居高临下地俯冲，不宜自下而上地仰攻。

二是关于江河作战。孙武讲了五层意思，也就是五条原则：第一、"绝水必远水"。部队通过江河后必须迅速远离河流，目的是避免背水作战，退无所归。远离江河，既可以引诱敌人渡河，迫敌于背水之地，又可使自己进退不致受阻。第二，"客绝水而来，勿迎之于水内，令半济而击之，利"。"半济而击"即乘敌军半数已渡，半数未渡之时发起攻击。这一江河作战的原则，古往今来被许多战争实践所证明，是一条行之有效的原则。吴楚柏举之战中，夫概王就向吴王阖闾提出过"半济而后可击"的建议，获得了重大战果。其实，早在公元前638年的宋楚泓水（今河南拓城县北）之战中，宋军司马子鱼看到楚军正渡河而宋军早已严阵以待，就向宋襄公建议乘楚军半渡，挥军进击。只是由于宋襄公的昏聩愚蠢，才一误再误战机，遭到了失败。可见这一原则已早在孙武之前一百多年就提出来了。第三，"欲战者，无附于水而迎客"，这是江河作战的又一原则。它包含两层意思：如果我方决心迎战，那就要采取远离河川的配置，诱敌半渡而击；如果我方不准备迎战，那就阻水列阵，使敌不敢轻易强渡。公元前627年晋楚在泜水对峙就是前一种情形的写照。晋将阳处父派人对楚将子上说：楚军如果企图一决雌雄，那么我军后退三十里，让你们摆好阵势再开战。阳处父的这一条诱兵之计被楚军的孙伯识破了，看出这不过是"半涉而薄我"。由于晋楚双方都不敢渡河，因此皆不战而归国。第四，"视生处高"。张预注："或岸边为阵，或水上泊舟，皆须面阳而居高。"第五，"无迎水流"，是说不要处于下游，防止敌军从上游或顺流而下，或决堤放水，或投放毒药。公元前525年的吴楚长岸（今安徽当涂）之战中，楚国令尹阳匄占卜战争的结果不吉利，司马子鱼说："我得上游，何故不吉？"于是出战，果然大败吴军，夺得吴国巨型战船"余皇"。由此可见，水战占据上游，有地利的优势。

三是盐碱沼泽地。在这种地形行军、作战对敌我都不利，既少水草，又无粮食，因而必须"亟去无留"，迅速通过、迅速脱离。一旦在这种地形同敌人遭遇，孙武要求"必依水草而背众树"。因为一方面可以借草木以为依托，另一方面在沼泽地中，凡是生长草木的地带，土质相对地说要坚硬一些，便于立足和通行，占据它就具有了主动地位。

四是平地作战，一要"处易而右背高"——选择地势平坦之地以便于战车驰突，又以右翼依托高地，以便战场观察。文中的"右"作何理解，关系到对《孙子兵法》几处关键地方的认识。有的认为古人以"右"为尊，因此，"右"代指主要翼侧，"右背高"就是主要翼侧依托高地。这一解释有其合理的地方，因为可以依托的高地可能在部队的左方，也可能在右方，但无论其在左在右都要以主要翼侧抢占之，这较之释"右"为"右翼"要合理。

然而，问题却在于与《孙子兵法》大体同时代的典籍和战例明确记载"右"就是"右翼""右方"，"左"就是"左翼""左方"。例如，《老子》："君子居则贵左，用兵则贵右。"又说："偏将军居左，上将军居右。"《司马法》也说："凡战：背风背高，右高左险。"再从战史上看，楚国的习惯不仅"尚左"，以"左"为尊，而且作战时以主将率领主力位于整个方阵的左翼，中原各国则相反。因此，释"右"为右翼也可备一说。

平地作战的再一个原则是"前死后生"。杜牧注："死者，下也；生者，高也。"前低后高利于出击。仅仅局限于"高低"还不能说明"死"、"生"的全部涵义，它应当还包括隐蔽条件的好坏、险易程度的优劣、行进道路的方便程度等等。

"处军"的第二方面内容，孙武着重强调了宿营时要注意的事项：选择地势高而干燥卫生、水草丰美而又粮道便利的地方扎营。他认为很好地利用地形，是取胜的重要条件，所谓"此兵之利，地之助也"。他在讲了涨洪水时涉渡江河应注意观察水势之后，提出了"六害之地"：绝涧、天井、天牢、天罗、天陷、天隙。对于这六种断裂地形必须采取诱敌"近之"、我则"远之"，迫敌"背之"，我则"迎之"，以便聚而歼之。当部队行进入"险阻、潢井、葭苇、山林、翳荟"之地时，要严密搜索，防止敌人的侦察和间谍隐藏其内。

关于本篇的第二个主要内容"相敌"——战场观察，孙武详细列举了三十二种现象，这些现象都可以从当时的战例中找到史实的印证。孙武的"相敌"之法，是那个时代在白昼直接用视力在阵地前沿进行敌情观察的方法。这些通过各种征候以判断敌情的方法，虽然是古朴的、原始的，然而却是生动的、具体的，它从一个侧面真实地反映了春秋时代的战争特点。下面，我们仅举几个战例加以说明。

"众树动者，来也。"曹操注："斩伐树木，除道进来，故动。"不仅如此，当时树木还可以作为兵器和军械。例如晋楚城濮战前，晋军"伐其木以益其兵"（《左传·僖公二十八年》），就是为了增加作战的器械。所以，树木摇动是敌人要到来的征候。

"尘高而锐者，车来也。"晋楚邲之战时，楚将潘党观察到晋军战车奔驰扬起的尘土，便把情况报告了主将，为楚军迅速调整部署掩袭晋军赢得了主动（见《左传·宣公十二年》）。

"辞强而进驱者，退也。"公元前615年秦晋河曲（今山西永济县境）之战时，秦军准备撤退，却派使者夜赴晋营说：今天的仗，将士们都没有打痛快，明天战场再见。晋将臾骈却从秦使的眼神和口气中察觉到秦军要撤退，他说："使者目动而言肆，惧我也，将遁矣。"建议乘机把秦军逼到黄河岸边而击败之。

"鸟集者，虚也。"公元前555年齐晋两军在平阴（今山东平阴北）对峙时，齐军撤退的当夜，晋军的师旷判断说："乌鸦的叫声轻松愉快，齐军可能逃遁了。"邢伯判断说："有战马盘桓的声音，齐军可能逃走了。"叔向判断说："城上有乌鸦，齐军恐怕逃走了。"（见《左传·襄公十八年》）

"旌旗动者，乱也。"曹刿在长勺之战中就是根据齐军"辙乱旗靡"而建议发起追击的。

孙武所以不厌其烦地列举数十种"相敌"的方法，目的就是告诫那些自以为兵强马壮而鲁莽从事的将领，"兵非益多也，惟无武进，足以并力，料敌，取人而已"。如果既不注意"处军"的原则，又不懂得"相敌"之法，而是"无虑而易敌"，那么必遭失败，"必擒于人"。

孙武在篇终简略地谈到了"令之以文，齐之以武"的御兵原则，强调要做到内部团结，令行禁止，目的是为了在战场上"足以并力"，一致对敌。

原 文

我可以往，彼可以来，曰通。通形者，先居高阳①，利粮道②，以战则利③。

注 释

①先居高阳：抢先占据地势高且向阳之处，以争取主动。

②利粮道：保持粮道畅通。利，此处作动词。

③以战则利：此句承上"先居高阳，利粮道"而言，意谓若能先敌抵达，占据高阳地带，并保持粮道畅通，如此进行战斗则大为有利。以，凭借。

译 文

大凡我们可以去，敌人也可以来的地域，叫做"通"。在"通"形地区，应抢先占领开阔向阳的高地，并积极保持粮草补给线的畅通，这样有利于对敌作战。

原 文

可以往①，难以返②，曰挂；挂形者，敌无备，出而胜之③，敌若有备，出而不胜，难以返，不利。

注释

①往：前往、开往。

②返：返回。

③出：出兵。

译文

大凡可以前进、难以返回的地区，称作"挂"。在挂形的地域上，假如敌人有防备，我们出击就不能取胜，而且难以回师，对我军就不利了。

原文

我出而不利，彼出而不利①，曰支。支形者，敌虽利我②，我无出也，引而去之③，令敌半出而击之④，利。

注释

①彼出而不利：敌人出击也同样不会得到多大好处。

②敌虽利我：敌虽以利相诱。

③引而去之：指率领部队伪装退去。引，带领。

④令：使。击：反击、攻打。

译文

大凡会使敌我两军出击均不利的地段叫做"支"。在"支形"

的地域上，敌人虽然以利相诱，我们也不要出击，而应该率军假装退却，诱使敌人出击一半时再回师反击，这样就有利了。

原文

夫势均，以一击十，曰走①。卒强吏弱，曰弛②。吏强卒弱，曰陷③。大吏怒而不服④，遇敌怼而自战⑤，将不知其能，曰崩⑥。将弱不严⑦，教道不明⑧，吏卒无常⑨，陈兵纵横⑩，曰乱。将不能料敌⑪，以少合⑫众，以弱击强，兵无选锋⑬，曰北。凡此六者，败之道也，将之至任，不可不察也。

注释

①走：跑、奔，这里指军队败逃。

②弛：涣散难约制。

③陷：陷没。此言将吏虽勇强，但士卒没有战斗力，将吏不得不孤身奋战，力不能支，最终陷于失败。

④大吏怒而不服：副将愤怒，不肯服从主将的命令。大吏，指小将。

⑤遇敌怼而自战：心怀不满的"大吏"遇敌时，擅自出阵作战。

⑥崩：比喻溃败。

⑦将弱不严：将帅懦弱

无能，毫无威严以服下。

⑧教道不明：治军缺乏法度、军队管理不善。

⑨吏卒无常：军中上下关系处于失常状态。无常，指没有法纪、常规。

⑩陈兵纵横：指布兵列阵杂乱无章。

⑪料敌：分析、研究敌情。

⑫合：两军交战。

⑬选锋：由精选的士兵所组成的精锐部队。

译文

在势均力敌的情况下，以一击十而招致失败的，叫做"走"。士卒强悍，却因将帅怯懦而造成败北的，叫做"弛"。将帅强悍，却因士卒怯懦而遭致溃败的，叫做"陷"。偏将恚怒不服从指挥，遇到敌人愤然擅自出战，主将又不了解他们的能力，因而导致失败的，叫做"崩"。将帅懦弱缺乏威严，训练教育没有章法，官兵关系混乱紧张，列兵布阵杂乱无章，因此而致败的，叫做"乱"。将帅不能正确的判断敌情，以少击多，以弱击强，作战又没有精锐先锋部队，因而落败的，叫做"北"。以上六种情况，均是导致失败的原因，这是将帅责任之所在，是不可不认真考察研究的。

原文

夫地形者①，兵之助也。料敌制胜，计险厄远近②，上将③之道也。知此而用战者，必胜④；不知此而用战者，必败。

注 释

①夫地形者，兵之助也：地形是用兵作战的重要辅助条件。

②计险厄远近：考察地形的险要，计算道路的远近。

③上将：贤能、高明之将。

④知此：知道并懂得上述道理。

译 文

地形是用兵打仗的辅助条件，正确判断敌情、积极掌握主动权、考察地形险恶、计算道路远近，这些都是贤能的将领必须掌握的要点。懂得这些道理去指挥作战的，必定能够胜利；不了解这些道理去指挥作战的，必定失败。

原 文

故进不求名，退不避罪，唯民是保①，而利合于主②，国之宝也③。

注 释

①唯民是保：进退处置只求保全民众。民，百姓、民众。保，保全。

②利合于主：符合、满足国君的利益。

③国之宝也：国家的宝贵财富。

译 文

进不谋求战胜的名声，退不回避违命的罪责，只是想着保全百姓，举指符合国君利益，这样的将帅，是国家的宝贵财富。

原文

视^①卒如婴儿，故可与之赴深溪^②；视卒如爱子，故可与之俱死。厚而不能使，爱而不能令^③，乱而不能治^④，譬如骄子，不可用也^⑤。

注释

①视：看待，对待。

②深溪：很深的溪涧，这里喻危险地带。

③厚而不能使，爱而不能令：只知厚待而不能使用，只知溺爱而不重教育。

④乱而不能治：士卒行为乖张不羁而不能加以约束惩治。

⑤譬如骄子，不可用也：为将者，仅施"仁爱"而不济威严，只会使士卒成为骄子而不能使用。

译文

对待士卒就像对待婴儿一样，那样士卒就可以同他共患难；对待士卒就像对待爱子一样，那么士卒就可以跟他同生共死。如果厚待士卒而不能使用，溺爱而不能教育，违法而不能惩治，那就如同娇惯了的子女一样，是不可以用来和敌人打仗的。

原文

知吾卒之可以击，而不知敌之不可击，胜之半也^①；知敌之可

击，而不知吾卒之不可以击，胜之半也；知敌之可击，知吾卒之可
以击，而不知地形之不可以战，胜之半也^②。

注　释

①胜之半也：胜利或失败的可能性各占一半。指没有必胜的
把握。

②不知地形之不可以战，胜之半也：如果不知道地形不适宜作
战，得不到地形之助，取胜同样也只有一半的把握。

译　文

只了解自己的部队可以作战，而不了解敌人不可与之作战，取
胜的可能性只有一半；只了解敌人可以打，而不了解自己的部队不
可以进攻，取胜的可能性也只有一半；既知道敌人可以打，也知道
自己的部队能够出击，但是不了解地形不利于作战，取胜的可能性
仍只有一半。

原　文

故知兵者^①，动而不迷^②，举而不穷^③。故曰：知彼知己，胜乃
不殆；知地知天，胜乃不穷^④。

注　释

①知兵者：通晓用兵打仗之道的人。

②迷：迷惑、困惑。

③举而不穷：行动自由不为所困。举，行动。穷，困窘、困厄

的意思。

④胜乃不穷：胜利不会有穷尽。

译 文

因此，懂得用兵的人，行动起来不会迷惑，他的作战措施变化无穷，而不困窘。所以说，了解对方，了解自己，争取胜利也就不会有危险；懂得天时，懂得地利，胜利也就永无穷尽了。

解 读

本篇所谓的"地形"，即军事地形学上的问题。它通过"地有六形""兵有六败"的论述，辩证地揭示了敌情与军事地理的相互关系。因此，"料敌制胜，计险阨远近"一语，可以看作是本篇的核心。

孙武所说的六种地形，现分述如下：

一是"通形"，即通畅无阻的平原地形。这种地形，"我可以往，彼可以来"，无论军队沿道路（当时所谓阡陌交通）进行机动，还是越野机动，都有较好的交通运输条件。但是，由于视界开阔，

难以隐蔽，孙武认为"通形"地区作战必须"先居高阳"，占领独立高地或小丘，瞰之四周，以便"利粮道"，保障运输补给。

二是"挂形"，即"可以往，难以返"、山高坡陡的挂碍地形。孙武认为，位于"挂形"之军，因为凭险而踞，隐蔽良好，瞰之敌军有利，因此，如果能巧妙地发挥这一山地条件的特点，就可以收到出奇制胜的战果；如果运用不当，也会招致重大损失。

三是"支形"，即便于敌对双方形成对峙相持的断绝地形。杜牧注云："支者，我与敌人各守高险，对垒而军，中有平地，狭而且长，出军则不能成阵，遇敌则自下而上，彼我之势，俱不利便。如此，则堂堂引去，伏卒待之；敌若蹑我，候其半出，发兵击之则利。若敌人先去以诱我，我不可出也。"他这一解释是符合孙武文意的。

四是"隘形"，即通道狭窄的隘口。利于凭险防守，既可节省守兵，又可阻援疲敌。吴楚柏举之战中，吴军通过的义阳三关就是这样的隘口。孙武认为，如果敌人已派重兵封锁了隘口，就不要轻易发起进攻。从这里可以看出，孙武在讨论军事问题时，时时处处都表现出他的"全胜"思想，要求胜于易胜，而不主张打硬仗、拼消耗。

五是"险形"，乃指山川艰险梗塞，"一夫当关，万夫莫开"的险阻地形，而不是指必争之地、必经之地的险要地形。孙武清楚地表明，"若敌先居之，引而去之，勿从也"。"引"就是撤退，"去"就是离开。如果把"险形"释为形势险要的地形，那就是兵家必争之地，不能"引而去之"了。

六是"远形"，指敌对双方相距较远的集结地域。这种地形对于双方的进攻都不利，孙武称之为"势均"。有的误把这里的"势均"释为兵力相等、势均力敌，这就离开了孙武的原意。孟氏注指出"势均"乃是"地势均等，无独便利"。杜牧的注文更为明晰："譬如我与敌相去三十里，若我来就敌垒，而延敌欲战者，是我困敌锐，故战者不利。若敌来就我垒，延我欲战者，是我逸敌劳，敌亦不利。故言势均。然则如何？曰：欲必战者，则移相近也。"

总之，孙武认为，以上六种地形，是"地之道也，将之至任，不可不察也"。

下面我们来谈"兵有六败"，这主要是关于作战中的带兵问题和兵力使用问题。

第一"走"（败走），"势均，以一击十，曰走"。在兵力使用上，孙武反对平分兵力，没有主次。例如：防御时"无所不备，无所不寡"，因而当敌来攻时，形成敌专为一、我分为十的兵力对比，以如此众寡悬殊的兵力去作战，必然要败逃。

第二"弛"（领导软弱无能），"卒强吏弱，曰弛"。士兵军事素质好，战斗力强，但指挥官懦弱无能，领导不力，也会导致失败。

第三"陷"（士卒战斗力低），"吏强卒弱，曰陷"。这条正好与上条相反，同样是导致失败的因素。

第四"崩"与第五"乱"，都是指将帅治军无方，统军无力，这也毫无疑问要失败。例如，晋楚邲之战前，楚国的伍参就对楚王说："晋之从政者新，未能行令。其佐先縠刚愎不仁，未肯用命；其三帅者专行不获，听而无上，众无适从。此行也，晋师必败。"

（《左传宣公·十二年》）伍参的分析就是从"崩""乱"角度作出胜负判断的。他这段话的大意是说：晋国辅政的都是新人，威信没有树立，不能做到令行禁止。主将荀林父的副手先縠这个人刚愎不仁，不肯服从命令。晋国的上中下三军统帅都想独断专权但又不能办到；想要听从命令，而又没有上级，无所适从。因此，晋军一定要失败。

第六"北"（失败），"将不能料敌，以少合众，以弱击强，兵无选锋，曰北"。孙武在这里提到"选锋"，后来历代的军事家和兵书也都提到"选锋"，重视"选锋"，因此，有必要谈一谈"选锋"问题。

所谓"选锋"，就是一种类似敢死队、冲锋队的组织。从战史上看，至迟在商周牧野之战中出现，吕尚率领的八百勇士就是"选锋"（见《史记·周本纪》或《吕氏春秋·论威》）。从兵书上看，只要举《吴子》就可以代表了。它说：凡是虎贲之士，要"选而别之，爱而贵之"，作为"选锋"的人选。在《吴子·图国》中更从编制上明确指出："民有胆勇气力者，聚为一卒；乐以进战效力，以显其忠勇者，聚为一卒；能逾高超远，轻足善走者，聚为一卒；王臣失位而欲见功于上者，聚为一卒；弃城去守欲除其丑者，聚为一卒。此五者，军之练锐也。"

值得注意的是，孙武所处的春秋时期，各国都很重视"选锋"的挑选、训练。许多战例常见的"死师"，就是"选锋"。例如，公元前496年的吴越檇李（今浙江绍兴西南）之战，越军曾两次派

"选锋"冲击吴军阵势，但未能奏效。后用犯了罪的囚徒，列为三行，在吴军阵前集体自杀，造成吴军惊愕，趁机突然发起攻击，击败吴军（《左传·定公十四年》）。再如晋国的狼瞫，就是以勇猛得到晋襄公的赏识，最后以必死的决心冲进秦军营阵而牺牲的（《左传·文公二年》）。

综合上面两大问题，孙武的结论是：军事地理是"兵之助也"，因而一方面要正确地了解和判断敌情，以求克敌制胜；另一方面要准确地计算地形的险易远近，以便对军队的开进、机动和部署，阵地的选择、使用和伪装作出正确的抉择，从而把敌情分析与地形利用有机地联系起来。要把这两者辩证地、紧密地结合起来指导作战，那么，将帅就应当有独立指挥，机断行事的权力。孙武公开地声称，作为一个将帅，应当"进不求名，退不避罪"，只要军事目的和结果明确，"惟民是保，而利合于主"；又对"战道必胜"或"战道不胜"有正确的分析判断，那么，对于国君错误的命令和瞎指挥，就可以不予置理。这样的见解和主张，只有革新的、进步的新兴地主阶级，也只有在当时战争的发展日趋复杂而通信联络还停留在驿传条件下，才有可能提得出来；没有这样阶级的和时代的两方面条件，是不可能提出来的。

九地篇

原 文

是故散地则无战①，轻地则无止②，争地则无攻③，交地则无绝④，衢地则合交⑤，重地则掠⑥，圮地则行⑦，围地则谋，死地则战⑧。

注 释

①散地则无战：在散地上不宜作战。

②无止：不宜停留。止，停留、逗留。

③争地则无攻：遇到争地，我方应该先行占据；如果敌方已行占领，则不要去与强敌争夺。

④绝：隔断、断绝。

⑤合交：结交。

⑥掠：掠取、抢掠。

⑦行：迅速通过。

⑧死地则战：军队如进入"死地"就必须奋勇作战，死里逃生。

译 文

所以，处于散地就不宜作战，处于轻地就不宜停留，遇上争地就不要勉强进攻，遇上交地就不要断绝联络，进入衢地就应该结交诸侯，深入重地就要抢掠粮草，碰到圮地就必须迅速通过，陷入围地就要设谋脱险，处于死地就要力战求生。

原文

所谓古之善用兵者，能使敌人前后不相及①，众寡不相恃②，贵贱不相救③，上下不相收④，卒离而不集⑤，兵合而不齐⑥。合于利而动，不合于利而止⑦。

注释

①前后不相及：前军、后军不能相互策应配合。及，策应。

②众：指大部队。寡：指小分队。恃：依靠。

③贵：军官。贱：士卒。

④收：聚集、联系。

⑤卒离而不集：士卒分散难以集中。离，分、散。集，集中。

⑥兵合而不齐：虽能使士卒集合在一起，但无法让军队整齐统一。

⑦合：符合。动：作战。止：不战。

译文

以前善于用兵作战的人，能够使敌人前后部队不能相互策应，主力部队和小部队之间无法相互依靠，官兵之间不能相互救援，上下隔断无法聚集。至于我军，则是见对我有利就打，对我无利就停

126

止行动。

原　文

兵之情主速①，乘人之不及，由不虞之道②，攻其所不戒也。

注　释

①情：情理。主：重在、要在。速：迅速、疾速。

②由：经过、通过。不虞：不曾料想、意料到。

译　文

用兵之理贵在神速，乘敌人措手不及的时候，走敌人意料不到的道路，攻击敌人没有戒备的地方。

原　文

凡为客之道①，深入则专②，主人不克③；掠于饶野④，三军足食。

注　释

①为客之道：客，客军，指离开本国进入敌国的军队。

②深入则专：专，齐心、专心。

③主人不克：即在本国作战的军队，无法战胜客军。主，在本地作战。克，战胜。

④掠于饶野：掠取敌方富饶田野上的庄稼。

译　文

在敌国境内进行作战的一般规则是：深入敌国的腹地，我军的军心就会坚固，敌人就不易战胜我们；在敌国丰饶的田野上掠取粮食，全军上下的给养就有了足够的保障。

原　文

谨养而勿劳①，并气积力②，运兵计谋，为不可测③。

注　释

①谨：注意。养：休整。

②并气积力：保持士气，积蓄战斗力。并，合，引申为集中、保持。积，积蓄。

③测：推测、判断。

译　文

要注意休整部队，不要使其过于疲劳，保持士气，积蓄力量，部署兵力，巧设计谋，使敌人无法判断出我军的意图。

原　文

兵士甚陷则不惧①，无所往则固②，深入则拘③，不得已则斗④。是故其兵不修而戒⑤，不求而得，不约而亲⑥，不令而信⑦。禁祥去疑⑧，至死无所之⑨。

128

注释

①甚：很，非常。

②无所往则固：无路可走的情况下军心就会稳固。

③拘：拘束、束缚，这里指凝聚。

④不得已则斗：迫不得已就会殊死战斗。

⑤是故其兵不修而戒：士卒不待督促，就知道加强戒备。修，修治、修明法令。戒，戒备、警戒。

⑥约：约束。亲：团结。

⑦不令而信：不待三令五申就能做到信任服从。信，服从、信从。

⑧祥：吉凶的预兆。这里指占卜之类的迷信活动。

⑨至死无所之：即使到死也不会逃避。

译文

将部队置于无路可走的绝境，士卒就会宁死不退。士卒既能宁死不退，又怎么会不殊死作战呢？士卒深陷危险的境地，心里就不再存有恐惧，无路可走，军心自会巩固。深入敌境，军队就不会离散。遇到迫不得已的情况，军队就会殊死奋战，因此，这样的军队不须整饬就能注意戒备，不用强求就能完成任务，无须约束就能亲密团结，不待申令就会遵守纪律。禁止占卜迷信，消除士卒的疑虑，他们就至死也不会逃避。

原文

是故方马埋轮，未足恃也①。齐勇若一，政之道也②；刚柔皆得，地之理也。故善用兵者，携手若使一人，不得已也。

注释

①方马埋轮，未足恃也：将马并排地系缚在一起，将车轮埋起来，想用此来稳定部队，以示坚守的决心，是靠不住的。

②齐：齐心协力。政：治理、管理的意思。

译文

因此，想用把马并缚在一起、深埋车轮这种显示死战决心的办法来稳定部队，那是靠不住的。要使部队能够齐心协力奋勇作战，关键在于部队管理教育有方；要使优劣条件不同的士卒都能发挥作用，根本在于恰当地利用战区地形。所以，擅长用兵的人，能使全军将士携起手来像一个人一样，这是因为他能造成一种形势，使部队不得不这样做的缘故。

原文

将军主事①，静以幽②，正以治③；能愚士卒之耳目，使之无知④；易其事，革其谋，使人无识⑤；易其居，迁其途，使人不得虑⑥。

注释

①将军主事：指挥军队打仗的事。将，动词，主持、指挥的

意思。

②静：沉着冷静。幽：高深莫测。

③正以治：严肃公正而治理得宜。正，严正、公正。

④能愚士卒之耳目，使之无知：能够蒙蔽士卒，使他们不能知觉。愚，蒙蔽、蒙骗。

⑤易其事，革其谋，使人无识：变更正在做的事情，改变计谋，使他人无法识破。易，变更。

⑥易其居，迁其途，使人不得虑：更换驻防的地点，行军迂回，使敌人无法图谋。

译文

在统率军队这件事情上，要做到考虑谋略沉着冷静而幽深莫测，管理部队公正严明而又有条不紊；要能蒙蔽士卒的视听，使他们对于军事行动毫无所知；变更作战部署，改变原订计划，使人无法识破真相；并不时变换驻地，故意迂回前进，使人不能揣测其行动的意图。

原文

帅与之期，如登高而去其梯①。帅与之深入诸侯之地而发其机②，焚舟破釜，若驱群羊，驱而往，驱而来，莫知所之。

注释

①帅与之期，如登高而去其梯：主帅赋予军队作战任务，要断其退路，犹如登高而去梯，使之勇往直前。

②帅与之深入诸侯之地而发其机：统帅与军队深入敌国，就如去发弩机射出的箭一般，笔直向前而不可复回。

译 文

将帅向部队分配作战任务后，要使其像登上高楼而去掉梯子一样，有进无退。将帅率领士卒深入诸侯国土，要像弩机发出的箭一样勇往直前，要烧掉舟船，打碎煮饭的器皿，以示死战的决心，对待士卒要能如驱赶羊群一样，使他们只知服从命令往前走，却不知道要到哪里去。

原 文

夫霸王之兵，伐大国，则其众不得聚①；威加于敌，则其交不得合②。

注 释

①其众不得聚：敌国军民来不及动员和集中。

②威加于敌，则其交不得合：国家强大的威力施加在敌人头上，使它在外交上无法联合诸国。

译 文

大凡称霸的军队，进攻敌国，能使敌国的军民来不及动员集中；兵威加在敌国头上，能够使敌方的盟国无法配合策应。

原 文

投之亡地然后存，陷之死地然后生。夫众陷于害，然后能为胜败[1]。

①夫众陷于害，然后能为胜败：只有把军队投置于险恶的境地，才能取胜。害，害处，指恶劣的环境。

译文

将士卒投置于危亡境地，才能转危为安；使士卒陷身于死地，才能起死回生。军队深陷绝境，然后才能反客为主，赢得胜利。

原文

故为兵之势，在于顺详敌之意①，并敌一向，千里杀将②。此谓巧能成事者也。

注释

①在于顺详敌之意：用兵作战要审慎地考察敌人的意图。顺，假借为"慎"，谨慎的意思。

②并敌一向：集中主要兵力，选定恰当的主攻方向。

译文

因此，指导战争这种事，在于

慎重地观察敌人的战略意图，集中兵力攻击敌人的一个部分，这样就可以千里奔袭，擒杀敌将。这就是所谓巧妙用兵，实现克敌制胜的目标。

原文

践墨随敌①，以决战事②。是故始如处女，敌人开户；后如脱兔，敌不及拒③。

注释

①践：遵守、遵循。墨：原则。

②以决战事：以决定战争胜负问题，即求得战争的胜利。

③始如处女，敌人开户；后如脱兔，敌不及拒：刚开始时如处女一样柔弱沉静，使敌人放松戒备；随后如脱逃的兔子般行动迅捷，使敌人来不及抗拒。

译文

要遵循作战原则，以求得战争的胜利。所以，战斗展开之前要像处女那样显得深静柔弱，以诱使敌人放松戒备；战斗展开之后，则要像脱逃的野兔一样行动迅速，使敌人措手不及，无从抵抗。

解读

《九地》是从战略地理学的角度出发，论述在战略进攻中实施突然袭击的若干问题。此篇虽然列于下卷，但在全书中的重要性不亚于《始计篇》《谋攻篇》，并且词约义丰，有着较大的思想容量，颇值得研究。

为了探讨孙武关于突然袭击思想的底蕴，本文脱离他原来的叙述顺序，而按他的基本观点加以浅析。

首先，让我们看他关于发起突然袭击的描述："是故政举之日，夷关折符，无通其使，厉于廊庙之上，以诛其事。敌人开阖，必亟入之。先其所爱，微与之期。践墨随敌，以决战事。是故始如处女，敌人开户，后如脱兔，敌不及拒。"这就是两千多年前关于突然袭击最古朴、最原始的论述，然而，言简意赅，文义深邃，值得三读。这段论述，是本篇的结论，荟萃了全篇的精义，仿佛一池深潭汇合了山间的溪流。读罢全篇，只要掩卷而思，就会清晰地看到，孙武关于突然袭击的军事原则历经三个社会形态仍不减其历史的光泽；我们还会看到，孙武主张突然袭击，不仅是为其新兴地主阶级的兼并战争服务，而且与他的全胜思想仍然是息息相关的。因为，在战略进攻中，在其他条件不变的情况下，没有比采取出敌不意的突然袭击更能以较少的代价、较小的力量，换取较大胜利的了。

关于实施突然袭击的原则和方法，提要钩玄，可概括为以下几个方面：

一、秘密地决策，荫蔽地准备。

为了保障突然袭击的顺利实施，孙武指出，首先是战前要秘密地决策，不使泄露，所谓"厉于廊庙之上，以诛其事"。张预注："当惕厉于庙堂之上，密治其事，贵谋不外泄也。"为了保证军事机密不致外泄，一要"夷关折符"，封锁关口，销毁通行符证，不准本国之人出入国境，这样就避免了敌人间谍假窃符证，潜入侦探。二要"无通其使"，就是说，既要不接受敌人新派使臣来国，防其高明的间谍见微知著，察觉战略动向；也不允许敌国使臣回国，报告消息。不言而喻，为了保守秘密的需要，一切军事行动的准备工作都要隐蔽地进行，巧妙地伪装，以诱骗敌人丧失戒备，这就是他说的"始如处女，敌人开户"。

二、出敌意外的进攻时机，出敌判断的主攻方向。

为了实现军事行动的突然性，孙武强调说："故为兵之事，在于顺详敌之意，并敌一向，千里杀将。"这里包含了两层意思：一层意思是正确地选择进攻时机，所谓"顺详敌之意"，就是因势利导地抓住敌人的意图。杜牧注："夫顺敌之意，盖言我欲击敌，未见其隙，则藏形闭迹，敌人之所为，顺之勿惊。"一旦有机可乘，就要不失时机地开始行动。所以，孙武说："敌人开阖，必亟入之。"再来看另一层意思，那就是要正确地选定主攻方向，即所谓"并敌一向""乘人之不及，由不虞之道，攻其所不戒也"。简言之，就是集中兵力指向敌人既是要害而又虚弱的地方。具备了这两条，就达成了作战的突然性，即孙武所说："此谓巧能成事者也。"

三、迅猛快速的作战行动，巧妙灵活地变换战术。

常言说，时间就是胜利。在实施突然袭击的进攻作战中，争取时间尤为重要。孙武明确地看到了优势的兵力再加上快速行动将会给作战的胜利带来事半功倍的效果，因而一再强调"动如脱兔，敌不及拒"，"兵之情主速"。

他还看到，突然性与笨拙的指挥、僵化的陈规是背道而驰的。因此，他十分强调灵活的指挥、多变的战术，要求"践墨随敌，以决战事"，不要迟疑坐困，墨守成规。他说到，要"易其事，革其谋，使人无识；易其居，迁其途，使人不得虑"；行军布阵也要如常山之蛇，"击其首则尾至，击其尾则首至，击其中则首尾俱至"。

四、大胆坚决地深入重地，掠于饶野以解决供给。

孙武关于突然袭击的主导思想是：以优势的兵力，快速的行动，多变的战术，出敌不意的时间、方向、地点，给敌以突然而沉重的打击，以一举打乱敌军指挥和部署，压制敌军士气和战斗力，收到"使敌人前后不相及，众寡不相恃，贵贱不相救，上下不相收，卒离而不集，兵合而不齐"的效果，达到"威加于敌，故其城可拔，其国可毁"的目的。这一战略思想的客观依据，从纯军事角度看，就是当时的防御体系还不是绵亘的、多层次的大纵深防御体系，而是一种据点式的防御体系。唯其如此，才可能有孙武这一突然袭击的战略指导。但是，这种"去国越境而师"的作战，一个很大的问题是如何在不同的战略地区指挥部队胜利地作战，而不致军心涣散，丧失战斗意志。

我们知道，孙武及其所代表的新兴地主阶级，固然提出并采取了一些爱护士卒的主张和措施，但是，封建地主阶级的本质决定了官兵不可能有完全共同的利害和志愿，这是最基本的方面。因而，也就决定了孙武及其所代表的阶级必然要以"众陷于害"的反动政策强迫士兵为统治阶级卖命。在孙武看来，部队的心理状态是：在自己家乡附近、自己国家境内作战，斗志容易涣散，士兵容易逃亡；如果远离乡土、深入敌国腹地，处境危殆，那么，他们为了自己的生存，不得不死里求生，拼死作战，所谓"投之无所往，死且不北，死焉不得，士人尽力。兵士甚陷则不惧，无所往则固，深入则拘，不得已则斗"。他甚至说，即使是吴、越那样的仇敌，一旦同舟遇风，也会为了生存而暂时"相救如左右手"。

孙武基于这样一种剥削阶级愚兵政策的理论，因而提出了"凡为客之道，深则专，浅则散""投之亡地然后存，陷之死地而后生"的指导原则。这里的"深"与"浅"都是指进入敌国的距离，"专"与"散"就是指部队的巩固或涣散。这是对军事心理学最原始的考察。

孙武把地形分为九种：散地、轻地、争地、交地、衢地、重地、圮地、围地、死地。大别之可分为两类：一是自己国土内的"散地"，一是别人国土内的"绝地"；小别之，"绝地"又可分为三类：一是在敌国浅近纵深作战的轻地、争地、交地；二是深入敌国腹地的重地；三是因地形而异的死地、围地、圮地和三国交界的衢地。

按照这样的分类，孙武的作战指导就是，以坚决果敢的行动，迅速把军队插入敌国腹心地区。为达此目的，他要求：一、在三国交界的衢地行军要搞好外交。二、在敌国浅近纵深的"轻地"要迅速通过，不作纠缠。他甚至说，即使是敌人战略前哨或要点的"争地"，也要巧妙迂回，决不旁骛。三、实行脱离后勤保障的无后方作战，依靠对敌国的抢掠来补充军食，即所谓"掠于饶野，三军足食"。这与他说过的"因粮于敌""掠乡分众，廓地分利"等是一脉相承的，这正是封建军队阶级本质的表现，是必须剔除的糟粕。

最后，必须强调指出，无论孙武关于突然袭击的思想是属于战略范围还是战役范围，它都同现代帝国主义战争的突然袭击有着本质的区别。因为，孙武所说的战争是国内战争，其结果是有利于国家的统一和进步。当时诸侯列国的战争虽然也有是非曲直，但不同于现代意义的侵略和反侵略。相反，希特勒之流所鼓吹的突然袭击，则是对别国的侵略和践踏，是非正义的，是人类的灾难。这是我们必须划清的界限。

火攻篇

行火必有因①，烟火必素具②。发火有时③，起火有日。时者，天之燥④也；日者，月在箕、壁、翼、轸⑤也。凡此四宿者，风起之日也⑥。凡火攻，必因五火之变而应之⑦。

①因：依据、条件。

②烟火：指火攻的器具燃料等物。具：准备妥当。

③发火有时：发起火攻要选择有利的时机。

④燥：气候干燥。

⑤箕、壁、翼、轸：中国古代星宿之名称，是二十八宿中的四个。

⑥凡此四宿者，风起之日也：四宿，指箕、壁、翼、珍四个星宿。古人认为月亮行经这四个星宿位置时，便是起风的日子。

⑦必因五火之变而应之：根据五种火攻所引起的敌情变化，适时地运用军队进行策应。因，根据、利用。应，策应、对策。

火

攻

篇

译　文

实行火攻必须具备条件，火攻器材必须平素即有准备。放火要看准天时，起火要选好日子。所谓天时是指气候干燥，所谓日子是指在月亮行经"箕""壁""翼""轸"四个星宿位置的时候。凡是月亮经过这四个星宿的时候，就是起风的日子。用火攻，必须根据五种火攻所引起的不同变化，灵活机动部署兵力进行配合策应。

原　文

火发于内，则早应之于外①。火发而其兵静者，待而勿攻。极其火力②，可从③而从之，不可从而止。火可发于外，无待于内④，以时发之⑤。火发上风，无攻下风⑥，昼风久，夜风止。凡军必知五火之变，以数守之⑦。

注　释

①早应之于外：早用兵在外面策应，使内外齐攻，一举袭击敌人。

②极其火力：让火势烧至最旺之时。极，尽。

③从：跟从，这里指用兵进攻。

④无待于内：不必等待内应。

⑤以时发之：根据气候、月象的情况实施火攻。以，根据、依据。

⑥上风：风向的上方。下风：风向的下方。

141

⑦数：星宿运行度数，此指气象变化的时间，即前所述之"发火有时，起火有日"等条件。

 译 文

假如从敌人营内放火，就要及时用兵在外面策应。火已经烧起来，敌人仍然保持镇静的，就应略作等待，不要马上发动攻击。在火势很旺时，还应看情况，可以进攻就进攻，不可以进攻就停止。火可以从外面放，这时就不必等待内应，按时放火就行了。从上风时，不要在下风进攻，白天风刮久了，晚上风就容易停止。军队必须懂得这五种火攻方法的变化运用，而等待时机到来时实施火攻。

原 文

夫战胜攻取而不修其攻者，凶①，命曰费留②。故曰：明主虑③之，良将修④之。

注 释

①不修其攻者，凶：如不能及时论功行赏，巩固胜利成果，则有祸患。

②命曰费留：若不及时赏赐，将士不用命，致使战事迟延或失败，军费将如流水般逝去。

③虑：谋虑、思考。

④修：治，治理之意。

译文

凡是打了胜仗，攻取了土地城邑，而不能及时论功行赏，巩固其胜利成果，就必定会有危险，这种情况叫做"费留"。因此说，明智的国君要谨慎地考虑这个问题，贤良的将帅也应当要认真地处理好这个问题。

原文

非利不动，非得不用，非危不战。主不可以怒而兴①师，将不可以愠②而致战。合于利而动，不合于利而止。

注释

①兴：发动，兴起，挑起。

②愠：生气，发怒。

译文

没有利益就不行动，不能取得胜利就不用兵，不是危及国家存亡就不可轻易开战。国君不可因一时愤怒而发动战争，将帅不可因一时的怨愤而出阵求战。符合国家利益才用兵，不符合国家利益即应停止作战。

解读

"火攻"，顾名思义，就是以火攻敌。本篇主要论述火攻的种类、条件和方法。

值得注意的是，孙武所说的火攻，实质上讲的是以"火"助"攻"。这不仅可以从本篇的论述中看得出来，同时，孙武也明确指出"以火佐攻者明"。"佐攻"就是配合作战部队达到歼敌目的。这一思想，是与当时火药还未发明、火器还未出现的历史条件相一致的。因此，对于"火攻"的任何超越时代的类比和夸大都是不恰当的。

春秋时代典型的火攻战例并不很多。《春秋·鲁桓公七年（公元前705年）》提到的"焚咸丘"几乎可以看作是文献记载中最早的火攻战例。半个世纪后，火攻逐渐在战场上有所使用。例如公元前649年，戎狄等一度攻入周王室的京城，火烧王城的东门（《左传·僖公十一年》）。《左传·僖公廿一年（公元前639年）》提到"焚我郊保"（焚烧郊外的城堡）。又如，晋国的使臣提到秦国军队曾"焚我箕、郜"（焚烧晋国的箕地和郜地）（《左传·成公十三年（公元前578年）》）。规模较大而又记载较为详细的是公元前555年的平阴之战。在这次战争的最后阶段，晋军等诸侯国军追击齐军时，"焚雍门及西郊、南郭"（烧了雍门的西边、南边的外城）；另一支部队"焚申池之竹林"，后又"焚东郭、北郭"（《左传·襄公十八年》）。除这个战例外，还可举出孙武曾亲自参加的公元前505年的吴楚战争。在这次战争中，楚军放火焚烧吴军辎重，接着投入主力，大败吴军。无疑，孙武通过这次战争，从反面吸取了有关火攻的历史教训。

可见，在春秋时期，火攻的运用是随着时间的推移而逐渐扩大规模的，也是在战争实践中逐渐显示其威力的。孙武高明之处就在于，他发现了火攻在战争中的重要作用，并且将它作为专题加以阐述。这不能不看作是孙武具有远见卓识的表现。

孙武把以火助攻概括为五类。一是"火人"。文中连用五个"火"字，均用作动词。"火人"，直译就是火烧敌军的有生力量。但是，当时既无以火药为燃料的燃烧性火器，更无管型火器或爆炸火器，显然是难以取得直接焚烧敌军官兵的效果的。因此，我们似应理解为它是指首先用火焚烧敌军营寨，然后投入主力，歼灭敌军。二是"火积"。孙武在《作战篇》中说"无委积则亡"，因而有此主张。军队无粮食，马匹无草料，毫无疑问，必遭失败。公元前479年，楚国叛臣石乞主张焚烧府库，另一叛臣白公胜就反对，他说："焚库无积，将何以守？"（没有委积，还能用什么方法来防守呢？）三是"火辎"，即烧敌辎重。四是"火库"，即烧敌仓库。五是"火队"，即烧敌粮道。

火攻的条件就是天气干燥，风向适宜。孙武认为当月亮行经箕、壁、翼、轸四个星宿时，便会起风。这是个天文学上的问题，并不是迷信的说法。

关于火攻的方法，孙武主要讲的是里应外合问题。里应，就是从敌内部放火；外合，就是作战部队及时地、审慎地乘机发起攻击。用他的话说，就是"火发于内，则早应之于外"，"可从而从之，不可从而止"，"火发上风，无攻下风"。

从这里我们更加明确地看到，孙武所说的火攻是以火助攻，其目的不过是为作战部队的进攻提供突然性，并造成敌人的不意与张皇失措。因此，孙武才得出这样的结论："以火佐攻者明"。

此外，孙武在本篇结尾部分谈到了要慎重启战的问题。如说"主不可以怒而兴师，将不可以愠而致战"，这对于战争的决策者无疑是有益的告诫。

用间篇

凡兴师十万，出征千里，百姓之费，公家之奉^①，日费千金，内外骚动^②，怠于道路^③，不得操事^④者，七十万家^⑤。相守数年^⑥，以争一日之胜，而爱爵禄百金^⑦，不知敌之情者，不仁之至也，非人之将^⑧也，非主之佐也，非胜之主^⑨也。故明君贤将所以动而胜人^⑩，成功出于众者，先知^⑪也。先知者，不可取于鬼神^⑫，不可象于事^⑬，不可验于度^⑭，必取于人，知敌之情者也。

注 释

①奉：同"俸"，指军费开支。

②内外骚动：举国上下混乱不安。内外，前方、后方的通称。

③怠于道路：百姓因辗转运输而疲于道路。怠，疲惫、疲劳。

④操事：操作农事。

⑤七十万家：比喻兵事对正常农事的影响之大。

⑥相守数年：即相持多年。相守，指相持、对峙。

⑦而：如果。爱：吝啬。

⑧非人之将：非人，不懂得用人（间谍）。

147

⑨非胜之主：不是取胜的主宰者。

⑩动而胜人：一出兵就能战胜敌人。动，行动、举动，这里指出兵。

⑪先知：指事先侦知敌情。

⑫不可取于鬼神：不可以通过用祈祷、祭鬼神和占卜等方法去求知敌情。

⑬不可象于事：不可用与其他类似事情作类比的方法去求知敌情。象，类此、比拟。

⑭不可验于度：不能用分析日月星辰运行位置的办法去求知敌情。验，应验、验证。

译 文

孙子指出，凡兴兵十万，征战千里，百姓的耗费，国家的开支，每天都要花费千金，前方后方动乱不安，民夫戍卒疲惫地在路上奔波，不能从事正常耕作生活的多达几十万家。这样相持数年，就是为了决胜于一旦。如果吝惜爵禄和金钱，不肯重用间谍，以致因不能掌握敌情而导致失败，那就是不仁到了极点，这种人不配作军队的统帅，称不上是国家的辅佐，也不是胜利的主宰者。所以，英明的君主和贤良的将帅，他们之所以一出兵就能战胜敌人，功业超越常人，就在于他们能够预先掌握敌情。要事先了解敌情，但不可用求神问鬼的方式来获取，不可拿相似的事作类比推测来得到，也不可用日月星辰运行的位置去作验证，一定要取之于人，从那些熟悉敌情者的口中去了解。

原　文

故用间有五：有因间①，有内间，有反间，有死间，有生间。
五间俱起，莫知其道②，是谓神纪③，人君之宝④也。

注　释

①因间：间谍的一种，即本篇下文所说的"乡间"，其依赖与
敌人的乡亲关系获取情报，或利用与敌军官兵的同乡关系，打入敌
营从事间谍活动，获取情报。

②五间俱起，莫知其道：若能同时使用这五种用间之法，便可
使敌人无法摸清我军的行动规律。道，规律、途径。

③神纪：神妙莫测之道。纪，道、办法。

④人君之宝："神纪"是国君制胜的法宝。宝，法宝。

译　文

间谍的运用方式有五种，即因间、内间、反间、死间、生间。
要同时使用这五种用间方法，使敌人无从捉摸我用间的规律，这就
是使用间谍的神妙莫测，也是国君克敌制胜的法宝。

原　文

故三军之亲，莫亲于间①，赏莫厚于间②，事莫密于间③。非圣
智④不能用间，非仁义不能使间⑤，非微妙不能得间之实⑥。

注释

①三军之亲，莫亲于间：三军中最亲信的人，无过于委派的间谍。

②赏莫厚于间：没有比施赏给间谍更优厚的赏赐。

③事莫密于间：军机事务，没有比间谍之事更为机密的。

④圣智：才智过人的人。

⑤非仁义不能使间：如果吝啬爵禄和金钱，不能做到以诚相待，就无法用好间谍。

⑥非微妙不能得间之实：不是用心精细、手段巧妙的将领，不能分析间谍取得之情报的真实与否。微妙，精细机敏。这里指用心精细、手段巧妙。实，指实情。

译文

因此在军队中，没有比间谍更亲近的人；在奖赏中，没有比赏赐给间谍更为优厚的；也没有什为事情比间谍更为机密的了。不是才智超群的人不能使用间谍；不是仁慈慷慨的人不能指使间谍；不是谋虑精细的人不能分辨间谍提供的情报。微妙啊，微妙！真是无时无处不可以使用间谍！

原文

必索敌人之间来间我者①，因而利之②，导而舍之③，故反间可得而用也。因定而知之，故乡间、内间可得而使也④。因是而知之⑤，故死间为诳事，可使告敌。因是而知之，故生间可使如期⑥。五间之事，主必知之。知之必在于反间，故反间不可不厚也⑦。

注　释

①索：搜索。

②因而利之：趁机收买、利用敌间。因，由，这里有趁机、顺势之意。

③导而舍之：设法诱导他，并交付一定的任务，然后放他回去以利己用。

④乡间、内间可得而使也：通过"反间"了解敌情，乡间和内间就能有效地加以使用了。

⑤因是而知之：从反间那里获悉敌人内情。

⑥可使如期：可使如期回报。

⑦故反间不可不厚也：间之中，以反间为关键，因此必须给予反间十分优厚的待遇。厚、厚待，有重视之意。

译　文

　　一定要搜查出敌方派来侦察我方军情的间谍，并用重金收买他、引诱利用他，然后再放他回去。这样，反间就可以为我所用了。通过反间了解敌情，这样，乡间、内间也就可以使用了。通过反间了解敌情，这样，就能使死间传播假情报给敌人了。通过反间了解敌情，这样就能使生间按预定时间回报敌情了。五种间谍的使用，国君都必须了解掌握。而了解情况的关键在于使用反间，所以对于反间不可不给予最优厚的待遇。

解 读

《用间》讲的是战略侦察，而不是讲一般的使用间谍或战场侦察问题。所谓战略侦察，其内容不仅仅限于军事战略侦察的范围，它还包括对敌国政情的了解。

正因为《用间》所论述的是这样一个关乎战争胜败的全局问题，所以孙武对它的重要性非常重视。他说："故明君贤将，所以动而胜人，成功出于众者，先知也。先知者，不可取于鬼神，不可象于事，不可验于度，必取于人，知敌之情者也。"就是说，战争的胜利在于预先了解敌情，而预先了解敌情在于战略侦察的正确。因此，战略侦察是决定战争胜利的重要因素。

但是，进行战略侦察要派出大量的、各种类型的间谍，去做形形色色的谍报工作，这当然要耗费金钱。孙武认为，为了战略侦察的成功进行，耗费"爵禄百金"是必要的。他用战争久拖不决的种种巨额耗费与用间的耗费作了详细的对比："凡兴师十万，出兵千里，百姓之费，公家之奉，日费千金，内外骚动，怠于道路，不得操事者七十万家，相守数年，以争一日之胜。"从这一番描绘可以看出，孙武的用意是说，之所以造成这种"相守数年"、劳民伤财的战争，就是由于没有很好地进行预先的战略侦察，就是由于执政者吝惜"爵禄百金"，因小失大、舍本求末的结果。因此，他以痛斥的口吻大声疾呼："不知敌之情者，不仁之至也，非人之将也，非主之佐也。"

孙武武把间谍分为五类，即因间、内间、反间、死间、生间。这五间之中，最重要的是反间。因为反间是被我收买利用的敌间，他掌握着大量的情报。因此，孙武主张对反间要不惜重金收买，给予优厚待遇，所谓"五间之事，主必知之，知之必在于反间，故反间不可不厚也"。

孙武指出，派出间谍进行战略侦察，是一项十分机密的工作。因此，对谍报人员要特殊看待，在感情上要特别亲近，"三军之亲，莫亲于间"；在奖励上要特别优厚，"赏莫厚于间"；在使用上要特别信任，"事莫密于间"。而要能做到这些，掌管和使用间谍的人，必须有超人的智慧，仁义的胸怀，善于分析的头脑，所谓"非圣智不能用间，非仁义不能使间，非微妙不能得间之实"。

关于用间的方法，他认为利用好"反间"是"五间俱起"的关键。只有策反敌间，为我所用，才能使乡间、内间、死间、生间顺利地完成各自受领的任务。

孙武提出，在间谍的人选中，最理想、最重要的是"以上智者为间"。他举例说，称得起"上间"的人，就是伊挚（伊尹）和

吕牙（姜太公）那样的人。因为伊挚是夏桀的大臣，吕牙是商纣的大臣，都是洞悉夏、商政治、军事战略情报而又睿智聪颖的人物，商汤和周武王分别以他二人为相、为师，所以能"必成大功"。孙武最后得出结论：进行战略侦察，"此兵之要，三军所恃而动也"，在战争中具有举足轻重的地位。

《孙子兵法》以《用间》收束全书，不仅与战略决策的《始计篇》相互辉映，同时也使我们看到，孙武"知彼知己"、"先胜而后求战"的"全胜"思想是始终如一、一贯到底的。《孙子兵法》问世两千多年后的今天，我们学习它，不能不为它博大精深的内容、庄重严谨的结构、浑然如一的体系而惊羡不已，更不能不为我们中华民族产生这样一部伟大的军事典籍而感到自豪和骄傲！